Jule

2011

Från

Mormor o Morfar

200 frestande recept med choklad

200 frestande recept med choklad

FELICITY BARNUM-BOBB

First published in 2008 under the title
Hamlyn All Colour Cookbook 200 **Chocolate recipes**, by
Hamlyn, a division of Octopus Publishing Group Ltd
Endeavour House, 189 Shaftesbury Avenue
London WC2H 8JY
www.octopusbooks.co.uk

Text Felicity Barnum-Bobb
Översättning Evastina Törnqvist
Omslag Elizabeth VanderPloeg
Originalare Jojoform
Tryckt i Kina, 2011
ISBN 978-91-86263-34-8
www.bonnierfakta.se

innehåll

inledning

inledning

Alla vet att choklad är "syndigt", ändå älskar vi det. Varför? Först och främst därför att choklad innehåller socker, som många känner begär efter. Precis som andra söta födoämnen stimulerar choklad frigörandet av endorfiner, naturliga hormoner som skapar känslor av njutning och välbefinnande.

Förutom att stilla sockerbehovet innehåller choklad specifika kemiska ämnen som kan hjälpa till att stimulera begär. Många kvinnor kan vittna om att de längtar efter choklad när de är premenstruella. Det kan bero på att choklad innehåller magnesium. Brist på sådan kan förvärra premenstruella spänningar. Liknande begär under en graviditet kan tyda på mild anemi, som lindras av chokladens järnhalt. Dessutom innehåller choklad små mängder ämnen som stimulerar det centrala nervsystemet, t.ex. koffein. Sådana verkar milt uppiggande, något vi lärt oss av att dricka kaffe. Teobromin är en annan mild stimulantia i choklad. Den får den glatta muskulaturen i lungornas inre sidor att slappna av. Choklad får oss att må bra genom att aktivera hjärnan och påverka nervsystemets signalsubstans, neurotransmittorer, d.v.s. hjärnans kemiska budbärare som transporterar elektriska signaler mellan nervceller. Sådana signaler kan orsaka förändringar i förnimmelser och känslor. Choklad innehåller tryptofan, som är en naturlig "kärleksdrog". Av den bildar hjärnan neurotransmittorn serotonin. Höga halter av serotonin kan framkalla känslor av upprymdhet, rentav extas. Pågående studier av psykofarmaka visar att beroende hänger samman med bildande och förstärkande av ovanliga neurotransmittorer till hjärnan. Så det kan tänkas att varje chokladbit som "stiger till huvudet" gradvis omprogrammeras för att få dig att älska choklad mer och mer!

Kan choklad rentav vara nyttigt? Forskare har hävdat att kemikalier som kallas flavoner, och som finns i choklad, kan bidra till att motverka hjärtsjukdomar genom att tunna ut blodet och hjälpa till att förhindra blodproppar. Forskare vid Harvard University har utfört experiment som visar att personer som äter choklad tre gånger i månaden lever nästan ett

år längre än de som motstår sådana frestelser. Tyvärr innebär resultaten inte bara goda nyheter – Harvardstudierna visar också att människor som äter för mycket choklad har en lägre förväntad livslängd. Chokladens höga fetthalt innebär att en överdriven konsumtion kan bidra till fetma, vilket leder till ökad risk för hjärtsjukdomar.

Det verkar som om talesättet "lagom är bäst" stämmer. När du inte kan motstå frestelsen, håll dig till mörk choklad som har högre kakaohalt än mjölkchoklad och även ökar halterna av HDL, en form av kolesterol som hjälper till att motverka igensatta artärer.

olika sorters choklad

När du köper choklad så kom ihåg att ju högre kakaohalt, desto renare chokladsmak.

mörk choklad

Detta är den bästa sortens choklad till matlagning. Den allra mörkaste chokladen innehåller 70–80 procent kakaomassa och har en intensiv chokladsmak eftersom sockerhalten är låg. Till de flesta av bokens recept rekommenderas mörk choklad med 50–60 procent kakao. Det beror på att sådan choklad är fyllig och mörk men utan att smaka alltför starkt. Den har en kraftig smak och är en bra allsidig choklad. Den sortens choklad smälter också väl och får en slät och glänsande kon-sistens, samtidigt som smaken bevaras. Billigare mörk choklad brukar innehålla 30– 40 procent kakaomassa och bör undvikas.

Utnyttja det stora utbud av mörk choklad med spännande smaker som numera finns i butikerna och använd det till att variera recepten. Bland smakerna finns t.ex. apelsin, chili, tranbär, körsbär, kola, kaffe och mint.

mjölkchoklad

Mjölkchoklad är betydligt sötare än mörk choklad och innehåller mjölk, socker och smakämnen, t.ex. vanilj. Den innehåller 20–30 procent kakao. Ju högre kakaohalt, desto bättre blir smaken. Mjölkchoklad brukar vara barnens favoritchoklad.

vit choklad

Vit choklad innehåller ingen kakaomassa utan framställs av kakaosmör (det ätliga fett som extraheras ur kakaobönerna under jäsningen), mjölk, socker och smakämnen. Dyrare märken brukar smaka bäst. Vit choklad med vaniljsmak är en utsökt variant.

kakaopulver

Denna biprodukt vid chokladframställning har en stark och bitter smak. Den passar bra till att förstärka chokladsmaken men bör alltid tillagas och måste sötas.

tårtglasyr med chokladsmak

Brukar säljas i snabbköp på hyllan med bakartiklar. Det är en chokladimitation som består av socker, vegetabiliska oljor och smakämnen. Den bör undvikas, om man inte ska göra stora billiga chokladspån snabbt (se sidan 12).

Den höga fetthalten gör att chokladspånen håller samman väl men de smakar inte särskilt gott. Ett alternativ är att använda en fjärdedel tårtglasyr och blanda den med tre fjärdedelar mörk choklad eller mjölkchoklad av god kvalitet.

konsten att smälta choklad

Choklad är känslig för värmebehandling. För att lyckas bör man värma den försiktigt och röra så lite som möjligt. Smör, grädde, mjölk och likör kan smältas med choklad enligt någon av metoderna här nedan. Rör om några gånger så att ingredienserna blandas.

på plattan

Bryt sönder chokladen och lägg bitarna i en värmetålig skål. Ställ skålen över en kastrull som fyllts till en tredjedel med vatten. Skålen får inte komma i kontakt med vattnet. Värm försiktigt tills vattnet sjuder. Rör inte om förrän chokladen ser ut att vara smält; rör den då försiktigt slät. Rör man för mycket förstörs konsistensen. Det är viktigt att inget vatten, som ånga från kastrullen, kommer upp till skålen när chokladen smälter – då stelnar den. Stäng av värmen, använd chokladen genast eller låt den ligga kvar i skålen över kastrullen så att den är varm när den ska användas.

i mikrovågsugnen

Detta är ett mycket lätt sätt att smälta choklad, bara man är försiktig. Choklad blir lätt vidbränd eftersom den innehåller så mycket socker. Hur lång tid det tar beror på mängden choklad. Chokladen bevarar formen även när den är smält, så det enda sättet att se om den är färdig är att röra om i den.

Lägg 100 g avbrutna chokladbitar i en värmetålig skål och mikra på medeleffekt (600 watt) i 1 minut. Rör om och fortsätt i ytterligare 30 sekunder om den inte mjuknat. Rör om och fortsätt i ytterligare 30 sekunder.

Vid mindre mängd, börja med att värma chokladen i 30 sekunder. Större mängder smälter man bäst på plattan eller i ugnen.

i ugnen

Att smälta choklad i ugnen är ingen särskilt värmeeffektiv metod, men när ugnen ändå är varm efter t.ex. bakning kan du använda värmen. Lägg då chokladen i en liten ugnsfast skål eller form och ställ skålen i låg ugnsvärme, 110 °C . Titta till den ofta.

sterilisera burkar

Detta är ett kritiskt moment när man tillverkar smörgåschoklad (se sidan 128) eftersom burkarna måste vara absolut rena om chokladen ska hålla sig. Det går bra att diska dem i maskinen, eller att diska dem i varmt vatten med diskmedel och sedan låta dem torka på lägsta temperatur i ugnen i ca15 minuter. Det tredje sättet är att fylla 4 burkar till en fjärdedel med vatten. Ställ dem på brickan i mikrovågsugnen och mikra dem på hög effekt (900 watt) i 5 minuter, tills vattnet kokar. Använd grytvantar när du tar ut burkarna, häll ut vattnet och låt dem torka upp och ner på hushållspapper. Häll den varma smörgåschokladen i de ännu varma burkarna.

utrustning

Till bokens recept räcker det med några skålar, en stor måttbringare, en sil, en träsked och en muffinsplåt. Med en matberedare eller mixer, särskilt en fristående, sparar du tid. Kör på låg hastighet till en massa men undvik att vispa. Matberedaren är perfekt när man ska baka muffins: blanda försiktigt torra och fuktiga ingredienser men undvik att blanda för länge. Då behöver man heller inte sikta mjölet.

Mjuka upp smör i mikron, det sparar tid. 30 sekunder på hög effekt räcker. Mikrovågsugnen är också den snabbaste metoden att smälta choklad (se ovan). Nötter hackar du snabbt i matberedaren eller kaffekvarnen.

bakningens hemligheter

För att lyckas med bakning fordras exakta mått och temperaturer. Här följer några sätt att förbättra exaktheten samt några allmänna baktips:

- Investera i en professionell måttsats. Egna matskedar kan variera i storlek och resultatet varierar därefter.
- Använd om möjligt en digital våg eftersom en sådan är mer exakt.
- Kontrollera vätskemängder i måttsatsen genom att hålla upp den i ögonhöjd. Använd annars en digital våg som även väger vätska.
- Smör bör alltid vara rumstempererat, om inte receptet anger något annat.
- När du vänder samman en smet så använd en metallsked och rör försiktigt i en S-rörelse för att bevara så mycket luft som möjligt i smeten.
- Låt smöret svalna i några minuter innan du blandar det med ägg.

- Använd medelstora ägg om inte receptet anger något annat.
- Innan du gräddar bakverk, klä kakformen med bakplåtspapper eller använd formar med non-stickbeläggning.
- Använder du vanlig ugn så ställ muffins och scones högt upp. En varmluftsugn håller jämn temperatur, så där spelar det mindre roll var formen placeras.
- Använder du varmluftsugn, sänk ugnstemperaturen med 20 °C så att inte bakverket bränns vid innan det blivit genomgräddat.

göra chokladdekorationer

Följande dekorationer kan samtliga förvaras i en lufttät behållare i kylskåpet i ungefär en vecka innan de används.

riven choklad

Se till att chokladen är rumstempererad innan du river den. Dra den över rivjärnets grövsta sida rakt ner på bakplåtspapper. Lyft upp bitarna med en palettkniv och använd till dekoration.

chokladlockar

Vill du ha en snabb dekoration, använd en grönsaksskalare och skär tjocka spån av chokladkakans släta sida. Större och mer imponerande spån får man genom att hälla smält choklad i en liten ren plasttub. Lägg den kallt tills chokladen precis stelnat, pressa ut den ur behållaren och dra en potatisskalare eller osthyvel längs botten eller sidor.

chokladspån

Det krävs en viss ansträngning för att få chokladsspånen att se professionella ut, men de är väl värda besväret till en speciell tårta eller dessert vid något särskilt tillfälle. De håller sig bra i kylskåpet i flera veckor, eller ännu längre i frysen. Bred smält choklad i ett tunt lagar på en marmorskiva, skärbräda av glas eller över baksidan av en bricka. Låt den stelna. Håll en tunnbladig kniv i 45 graders vinkel och dra den längs chokladen så att du skrapar upp chokladspån.

Om chokladen är för mjuk och inte rullar sig, ställ den i kylskåpet i några minuter. Om den är spröd och bryts sönder i bitar, låt den stå framme i rumstemperatur en stund eller ställ in den mycket hastigt i mikrovågsugnen. Försök sedan igen.

chokladblad

Fasta men böjliga blad, t.ex. färska lagerblad eller rosenblad, passar bäst som dekorationer till festliga desserter och chokladlängder. Skölj och torka bladen väl och pensla dem sedan med lite choklad på undersidan. Låt dem stelna och dra försiktigt bort bladen.

chokladmönster

Börja med att göra en spritspåse av papper: vik en 25 cm stor fyrkant bakplåtspapper diagonalt till en triangel. Skär längs vikningen. Vänd långsidan mot dig och rulla triangelns högra hörn till mittpunkten så att papperet bildar en strut. Vi in strutens vänstra hörn så

att de 3 spetsarna möts. Vik papperet flera gånger vid spetsarna så att det inte rullar upp sig. Fyll påsen till hälften med smält choklad och vänd ner den öppna änden så att påsen förseglas innan du klipper bort spetsen. Prova flödet och klipp av lite mer spets om du vill ha chokladen tjockare. Skulle chokladen stelna i spritspåsen, lägg in den som hastigast i mikron för att mjukna. Rita former på papperet – kurviga linjer, böjda ringlar eller filigranmönster – och låt dem stelna. Dra bort papperet och använd chokladmönstren som dekoration på kalla desserter. Gör inte mönstren för spröda, då går de sönder.

Vill du göra det enklare, använd vanliga plastpåsar som spritspåsar eller ringla över den smälta chokladen från en tesked.

utskurna chokladformer

Bred ut smält choklad på en bricka klädd med bakplåtspapper. Låt chokladen stelna och tryck sedan ut önskade former med hjälp av kakformar eller utstickare.

på fem minuter

chokladsås lätt som en plätt

4 personer
Förberedelser **2 minuter**
Tillagningstid **3 minuter**

175 g kondenserad mjölk
100 g **mörk choklad**, bruten i bitar

Häll den kondenserade mjölken i en kastrull, tillsätt chokladen och värm försiktigt i 2–3 minuter. Rör tills chokladen har smält.

Servera chokladsåsen direkt tillsammans med dessert efter eget val. Såsen passar särskilt bra till glass.

Till en enkel chokladsås med mintsmak: använd 100 g mörk choklad med mintsmak i stället för vanlig mörk choklad. Finhacka 6 färska myntablad och rör ner dem i blandningen av mintchoklad och kondenserad mjölk. Värm försiktigt och under omrörning tills chokladen har smält.

varm choklad med kesella

6 personer
Förberedelser **1 minut**
Tillagningstid **4 minuter**

300 g mörk choklad
5 dl lättkesella
1 tsk **vaniljextrakt**

Smält chokladen i en skål över sjudande vatten (sidan 10) och lyft sedan bort den från plattan.

Tillsätt kesella och vaniljextrakt och blanda snabbt.

Fördela den varma chokladen i 6 små koppar eller glas och servera den omedelbart.

Varm cappuccino med kesella: smält den mörka chokladen tillsammans med 2 matskedar espressokaffe. Fördela blandningen i 6 espressokoppar och avsluta med en tesked kesella i varje kopp. Pudra med kakao.

croissanter med choklad & banan

4 personer
Förberedelser **2 minuter**
Tillagningstid **3 minuter**

8 **croissanter**
2 stora skivade **bananer**
250 g **mjölkchoklad**, bruten i rutor

Sätt ugnen på 230 °C.

Dela croissanterna på längden med en liten tandad kniv. Lägg bottnarna på en bakplåt.

Lägg bananskivorna på croissantbottnarna. Lägg chokladbitarna över bananskivorna och täck med croissantlocken.

Grädda i 3 minuter eller tills croissanterna är genomvarma och chokladen mjuk.

Croissanter med blåbär, äpple & vit choklad: uteslut bananer och mjölkchoklad och dela i stället ett mat-äpple i fyra bitar. Kärna ur och skiva bitarna. Lägg skivorna på croissantbottnarna och lägg 100 g vita chokladrutor över. Klicka 1 tesked blåbärssylt på varje croissant. Täck med croissantlocken och fortsätt enligt receptet här ovan.

chokladpannkakor

4 personer
Förberedelser **1 minut**
Tillagningstid **4 minuter**

Pannkakor
drygt 2 dl **vetemjöl**
2 msk **strösocker**
1 **ägg**
3 dl **mjölk**
smör eller **vegetabilisk olja**, att steka i
50 g grovt delad **mörk choklad**
Sås
100 g **smör**
knappt 1 ½ dl **ljust muscovadosocker**
4 msk **Rubis chocolate velvet ruby** (portvin med choklad) eller **chokladlikör** eller annat **portvin**

Sikta mjölet i en skål och blanda ner sockret. Tillsätt ägget och lite mjölk och vispa till en styv smet. Vispa i resten av mjölken.

Smält lite smör i ett 18 cm stort pannkaksjärn eller tjockbottnad stekpanna tills fettet börjar ryka. Häll bort överflödigt fett och häll lite smet i pannan. Vippa så att bottnen täcks av ett tunt lager smet. (Det går också bra att att mäta upp smeten i pannan med en liten slev.) Grädda i 1–2 minuter, tills undersidan är guldbrun.

Vänd pannkakan med en stekspade och grädda den andra sidan i ytterligare 30–45 sekunder. Låt pannkakan glida ur stekpannan och grädda resten av pannkakorna. Tillsätt mer fett om det behövs. Lägg pannkakorna åt sidan medan du gör såsen.

Smält smöret i en stekpanna med det ljusa muscovadosockret och tillsätt sedan portvinet eller likören.

Fördela chokladrutorna mellan pannkakorna och vik pannkakorna i halvor, sedan i fjärdedelar och låt dem glida ner i stekpannan. Värm i några minuter och servera sedan varje pannkaka indränkt i sås.

Chokladpannkakor för barn: grädda 4 pannkakor enligt receptet ovan och lägg dem åt sidan. Gör en äppel-sås genom att smälta 75 g smör med drygt 1 dl ljust muscovadosocker i en stekpanna. Värm tills sockret har smält och tillsätt 4 matskedar äppeljuice. Fyll och värm pannkakorna enligt receptet, använd 50 g mjölk-choklad i stället för mörk choklad. Servera pannkakorna indränkta i äppelsås.

popcorn med kola & choklad

4 personer
Förberedelser **1 minut**
Tillagningstid **4 minuter**

50 g opoppade popcorn
250 g **smör**
drygt 3 ½ dl **ljust muscovado-socker**
2 msk **kakao**

Poppa popcornen i en stor skål med lock i mikrovågsugnen på hög effekt i 4 minuter. Det går också bra att poppa dem i en kastrull med lock på spisen, på medelhög värme i några minuter tills du hör hur popcornen poppar.

Smält under tiden försiktigt smöret med muscovadosocker och kakao i en kastrull tills sockret har lösts upp och smöret har smält.

Rör ner de varma popcornen i blandningen och servera.

Popcorn med kola, marshmallows & nötter: uteslut muscovadosocker och kakao. Mikra popcornen enligt receptet ovan och smält sedan försiktigt 150 g sega kolor, 125 g smör, 125 g marshmallows och 50 g mörk choklad i en kastrull. Servera på samma sätt som ovan.

chokladbrioche

1 person
Förberedelser **1 minut**
Tillagningstid **4 minuter**

2 skivor **brioche**
1 msk **nutella** eller hemmagjort **chokladpålägg med mjölkchoklad och vit choklad** (sidan 128)
15 g **smör**
2 tsk **råströsocker**

Bred smörgåschoklad/nutella över1 briocheskiva och lägg sedan på den andra briocheskivan.

Bred smör över chokladsmörgåsens ytterkanter och strö på sockret.

Hetta upp en grillstekpanna, stekpanna eller ett smörgåsjärn och tillaga chokladbriochen i 3 minuter. Vänd den om det behövs.

Jordnöts- & chokladbrioche: bred 1 matsked smörgåschoklad över 1 briocheskiva (använd nutella eller gör chokladpålägg med hasselnötter på sidan 128) och 1 matsked jordnötssmör över den andra skivan. Mosa 1 banan, bred den över jordnötssmöret och lägg samman briochen.

müsli med chokladbitar

1 person
Förberedelser **3 minuter**
Tillagningstid **2 minuter**

3 msk **stora havregryn**
1 msk **hasselnötter**
1 msk **pistaschnötter**
1 msk blandade **frön (pumpa-, hampa-, solros-, sesam-, linfrö)**
2 tsk **mild olivolja**
2 tsk **flytande honung**

Till serveringen
1 ½ dl **vaniljyoghurt**
2 msk färska **granatäpplekärnor**
2 tsk **mörka chokladbitar**

Hetta upp en stor stekpanna med non-stickbeläggning. Skaka havregryn, hasselnötter, pistaschnötter och blandade frön i stekpannan i några minuter.

Tillsätt olivolja och flytande honung och rör till en blandning.

Häll över müslin i en skål och lägg på yoghurt, granatäppelfrön och chokladbitar till en härlig frukost.

Müslibitar med choklad: blanda 200 g müsli i en långpanna tillsammans med 4 matskedar blandade frön, 3 matskedar olivolja och 3 matskedar honung. Rosta i 180 °C varm ugn i 20 minuter. Låt blandningen svalna och rör sedan ner 3 matskedar mörka chokladbitar. Servera müslibitarna med vaniljyoghurt. 4 personer.

skummande varm toddydrink

1 person
Förberedelser **3 minuter**
Tillagningstid **2 minuter**

1 tsk **majsmjöl**
3 dl **mellanmjölk**
1 tsk **råströsocker**
4 rutor **mörk choklad**
2 msk **alkohol** efter eget val, t.ex. **konjak**, **rom eller vodka**
1 tsk riven **choklad** (**mörk choklad**, **mjölkchoklad** eller **vit choklad**), till serveringen

Häll majsmjölet i en tillbringare och blanda i 1 matsked mjölk till en slät redning. Tillsätt 2 dl mjölk, socker, choklad och spritsort.

Mikra smeten på hög effekt i 2 minuter eller värm den i en kastrull på spisen. Häll upp den varma chokladen i en hög glaskopp.

Värm resten av mjölken och skumma den rejält. Häll den över den varma chokladen. Strö på lite riven choklad och servera med detsamma.

Festlig varm choklad: värm 7½ dl standardmjölk till kokpunkten. Dra av från plattan och tillsätt 100 g hackad mörk choklad, drygt ½ dl strösocker, 125 g marshmallows och en nypa mald kanel. Låt den stå medan du vispar 1¼ dl vispgrädde tjock. Häll upp chokladen i koppar eller muggar, skeda grädde över ytan och dekorera varje kopp med 2 marshmallows. Servera i 4 koppar eller 2 stora muggar.

fattiga riddare med choklad

2 personer
Förberedelser **2 minuter**
Tillagningstid **3 minuter**

2 lätt vispade **ägg**
2 tjocka skivor **grovt bröd med frön**, delade i halvor
15 g **smör**
2 msk **råströsocker**
2 tsk **kakao**
½ tsk **mald kanel**

Häll äggen i en låg form och tryck ner brödskivorna, och vänd så att brödbitarna blir väl täckta.

Smält smöret i en tjockbottnad kastrull och lägg i de äggdoppade bröden. Stek i 3 minuter. Vänd och stek andra sidan.

Blanda socker, kakao och kanel på en tallrik och panera de varma bröden i. Vänd så att de blir ordentligt täckta. Servera med detsamma.

Brödpudding med choklad & kanel: gör i ordning de äggdoppade bröden enligt ovan och lägg dem i en smord stor gratängform. Smält 50 g mörk choklad i en skål över en kastrull med sjudande vatten, tillsammans med 1½ dl mjölk och 5 matskedar vispgrädde (sidan 10). Blanda i eventuellt överblivet ägg och häll sedan blandningen över bröden i formen. Baka i 20 minuter i ugnen 180 °C tills puddingen precis stelnat.

kallt och gott

chokladmousse med apelsin

10 personer
Förberedelser **15 minuter**, plus tid att kallna
Tillagningstid **5 minuter**

200 g **mörk choklad**
3 stora **äggvitor**
1 ⅔ dl **råströsocker**
2 ¾ dl **vispgrädde**
finrivet skal av 1 **apelsin**
½ dl **apelsinlikör**
1 **apelsin**, i 10 klyftor

Smält chokladen i en skål över en kastrull med sjudande vatten (sidan 10) och lyft sedan av den från plattan.

Vispa äggvitorna styva i en ren och torr skål. Vispa gradvis i sockret, en matsked åt gången, tills blandningen är slät och blank.

Vispa grädden med apelsinskalet i en annan skål. Grädden ska börja bli tjock, men var noga med att inte vispa den för länge eftersom den kan skära sig. Vänd ner apelsinlikören.

Häll den smälta chokladen i grädden och blanda snabbt. Vispa ner en sked äggvita så att smeten blir lösare och vänd sedan försiktigt ner resten av äggvitan. Blanda försiktigt in all äggvita arbetats i smeten.

Skeda över chokladmoussen i 10 espressokoppar eller små keramikformar och ställ dem kallt i 1 timme. Servera varje portion med en apelsinklyfta.

Klassisk chokladmousse: byt apelsinlikören mot ½ dl vodka, kirsch, konjak eller whiskey och uteslut apelsinskal och apelsinklyftor. Gör för övrigt som i receptet ovan. Servera moussen med tunna kex, som franska kattungor.

filigranstårta med choklad

10 personer
Förberedelser **30 minuter**, plus tid att svalna och kylas
Tillagningstid **20–25 minuter**

3 **ägg**
knappt 1 dl **strösocker**
knappt 1 dl **vetemjöl**
25 g **kakao**

Fyllning
2 tsk **gelatinpulver**
3 msk **kallt vatten**
200 g **mörk choklad**
500 g rumstempererad **mascarpone**
knappt 1 dl **strösocker**
1 tsk **vaniljessens**
2 dl **grekisk yoghurt**
4 msk **hett vatten**

Smörj en 23 cm stor springform eller kakform med löstagbar botten. Sätt ugnen på 190 °C.

Vispa ägg och socker i en skål över en kastrull med varmt vatten tills smeten tjocknar. Lyft bort den från plattan och vispa i 2 minuter till. Sikta över mjöl och kakao och vänd ner det. Häll upp smeten i den smorda formen. Grädda i 15 minuter, tills kakan är precis fast. Låt den svalna på ett galler.

Strö gelatinpulvret i vattnet i en skål och låt det stå i 5 minuter. Dela kakan och lägg botten i kakformen. Ställ skålen med gelatin i en kastrull med varmt vatten tills gelatinet har smält.

Smält 175 g choklad över en kastrull med sjudande vatten (sidan10). Vispa mascarpone i en skål med socker, vaniljessens, yoghurt och vatten. Vispa rejält och tillsätt gradvis gelatinet. Skeda upp halva smeten i en egen skål och vispa i chokladen. Häll smeten över kakan i formen. Täck med den andra kakhalvan och resten av mascarponen (vispa i lite varmt vatten om den stelnar). Jämna till ytan och ställ kallt i flera timmar.

Lägg tårtan på ett serveringsfat. Smält resten av chokladen och ringla den över tårtan. Ställ den kallt fram till serveringen.

Cheesecake med choklad och mascarpone: krossa 250 g chokladdigestive i mixern och tillsätt 100 g smält smör. Tryck ner kaksmeten i botten av en smord form, fyll på med smält choklad och sedan med mascarponefyllningen. Ställ kallt och dekorera enligt ovan.

rocky road i skivor

12 personer
Förberedelser **10 minuter**, plus tid att kallna
Tillagningstid **10 minuter**

225 g **smör**
3 msk **ljus sirap**
50 g **kakao**
125 g grovt krossade **digestivekex**
200 g **marshmallows**, delade i 4 delar var
75 g grovt krossade **maltesers**
200 g **mjölkchoklad**
200 g **mörk choklad**
4 msk **hyvlad chokladspån**

Smält smör, sirap och kakao i ett vattenbad över en kastrull. Rör i kex, marshmallows och maltesers.

Smörj en 25 x 18 cm stor form. Häll smeten i formen och ställ den kallt i 15 minuter.

Smält den mörka chokladen i mjölken i en skål ställd över en kastrull med vattenbad (sidan 10). Lyft av den från plattan. Häll chokladen över den kalla smeten och strö chokladspån över.

Ställ formen kallt i 20 minuter och skär sedan kakan i skivor eller fyrkanter.

Rocky road-skivor med choklad, ingefärskex & nötter: smält 75 g mörk choklad med 125 g mjölkchoklad och 175 g smör. När chokladen smält, rör ner 2 matskedar ljus sirap, 125 g grovhackade ingefärskex, 75 g rostade och hackade hasselnötter, 75 g russin och 75 g hackad chokladkaka med nötter. Blanda väl och häll smeten i en stor avlång sockerkaksform klädd med bakplåtspapper. Ställ formen kallt enligt receptet ovan. Skiva och servera.

flikiga choklad- & apelsinkoppar

6 personer
Förberedelser **40 minuter**, plus tid att kallna och frysa
Tillagningstid **5 minuter**

Koppar
225 g mörk choklad

Fyllning
200 g **färskost**
1 ½ dl **vispgrädde**
1 ½ dl **naturell yoghurt**
3 matskedar **strösocker**
finrivet **skal** och **juice** av 1 **apelsin**
3 matskedar **apelsinlikör** (valfritt)
4 **lättsmulande chokladkakor**
strimlat **kanderat apelsinskal**, till dekoration

Lägg bakplåtspapper över en ugnsplåt. Klipp ut 6 remsor bakplåtspapper, var och en 30 × 5 cm. Rulla samman en av remsorna, stick in den i ett 6 cm stort runt kakmått och ställ det på plåten. Öppna upp den rullade remsan så att den ligger runt kakmåttets insida.

Smält chokladen över en kastrull med sjudande vatten (sidan 10). Skeda lite smält choklad i kakmåttet, håll fast kakmåttet och pensla chokladen över papperets sidor till en chokladkopp med ojämn överkant. Dra försiktigt bort kakmåttet (eller låt det sitta kvar om du har flera att använda). Gör ytterligare 5 chokladkoppar. Ställ dem kallt tills chokladen stelnat.

Rör färskosten mjuk i en skål. Vispa i grädde, yoghurt, socker, apelsinskal och -juice samt eventuell apelsinlikör. Flaga en chokladkaka på längden till flisor. Spara de bästa bitarna till dekoration. Smula resten och gör likadant med de tre återstående chokladkakorna. Vänd ner dem i gräddsmeten.

Skeda blandningen i chokladkopparna och ställ dem i frysen i minst 3 timmar. Dra försiktigt bort pappersskalen och ställ kopparna i kylskåpet i ca 1 timme före serveringen. Det går också bra att ställa tillbaka dem i frysen och använda dem senare. Servera chokladkopparna dekorerade med flisorna från chokladkakorna och strimlor av kanderat apelsinskal.

Snabba koppar med citroncheesecake: använd 6 färdiga cupcakeformar av choklad. Gör fyllningen som receptet ovan men ersätt apelsinskal, -juice, och -likör med 5 matskedar lemon curd. Dekorera med strimlat kanderat citronskal i stället för apelsinskal.

crème brûlée med choklad

6 personer
Förberedelser **15 minuter**, plus tid att kallna
Tillagningstid **5 minuter**

drygt 5 ½ dl **vispgrädde**
1 **vaniljstång**, delad på längden
150 g **mörk choklad**, bruten i bitar
6 **äggulor**
drygt ¼ dl **råströsocker**
1 msk **vaniljsocker**
4 msk **konjak**
6 msk **clotted cream**
knappt ¾ dl **mörkt muscovadosocker**

Värm försiktigt vispgrädden med vaniljstången till kokpunkten. Lyft bort den från plattan, ta ur vaniljstången och tillsätt chokladen. Rör tills den har smält.

Vispa äggulor, råströsocker och vaniljsocker med konjaken tills smeten blir tjock, löddrig och ljus. Tillsätt gradvis chokladgrädden och vispa in den i smeten. Sila sedan tillbaka smeten i den urdiskade kastrullen. Värm försiktigt smeten under fortsatt omrörning tills den blivit tjock och slät.

Fyll 6 värmefasta espressokoppar av glas med chokladsåsen och ställ dem sedan kallt i minst 2 timmar. Lägg en klick clotted cream på varje kopp. Strö mörkt muscovadosocker över ytan och karamellisera sedan sockret med hjälp av en liten blåslampa eller ställ in kopparna under en het ugnsgrill.

Chokladbrûlée med bär: tina 500 g frysta skogsbär och fördela bären mellan 6 ramekinformar av glas eller värmetåliga espressokoppar. Strö 1 matsked råströsocker över varje form och häll sedan på 2 matskedar crème de cassis per portion. Ställ kallt och avsluta enligt receptet ovan.

syndigt goda chokladbitar

12 personer
Förberedelser **15 minuter**, plus tid att kallna
Tillagningstid **3 minuter**

225 g **smör**
3 msk **flytande honung**
3 msk **kakao**
300 g grovkrossade **mördegskex**
100 g **vit choklad**
12 **vita chokladpellets**

Värm smör, flytande honung och kakao i en kastrull tills blandningen smält. Tillsätt de krossade kexen och rör tills kexsmulorna är täckta med choklad.

Häll upp smeten i en stor smord rund kakform, cirka 18 cm i diameter. Ställ kallt i minst 30 minuter.

Smält den vita chokladen i en skål ställd över en kastrull med sjudande vatten (sidan 10). Häll den vita chokladen över chokladkexbottnen så att den täcks. Lägg den vita chokladpelletsen över ytan.

Ställ kallt i minst 30 minuter och skär sedan kakan i 12 tårtbitar.

Chokladskivor med kaksmet & grädde: ersätt mördegskexen med 200 g kex med vaniljfyllning och 100 g småkakor med hela chokladbitar, samtliga grovkrossade. Fortsätt enligt receptet ovan.

choklad- och blåbärsdessert

8 personer
Förberedelser **30 minuter,** plus tid att svalna och kallna
Tillagningstid **15 minuter**

150 g italienska **chokladskorpor,** i småbitar
1 dl **söt sherry**
275 g **blåbärssylt**
6 dl **gammaldags mjölk**
1 **vaniljstång**
6 stora **äggulor**
2 msk **råströsocker**
3 msk **majsmjöl**

Fyllning
2 3/4 dl **vispgrädde**
2 1/2 dl **crème fraiche**
1 tsk **vaniljextrakt**
1 msk **råströsocker**

Till dekoration
8 smulade italienska **chokladskorpor**
1 msk **dragéer**

Lägg de grovsmulade chokladskorporna i en serveringsskål och spara några bitar till dekoration. Häll över sherryn och bred sedan på sylten.

Häll mjölken i en kastrull. Skär ett jack i vaniljstången och skrapa ner fröna i kastrullen tillsammans med stången. Låt mjölken koka upp. Stäng plattan och låt blandningen stå och svalna i 5 minuter.

Vispa äggulor, socker och majsmjöl i en skål. Ta bort vaniljstången och vispa ner den varma mjölken i äggsmeten. Häll över vaniljsåsen i kastrullen. Värm på låg värme och vispa kraftigt i 2–3 minuter så att såsen tjocknar. Häll vaniljsåsen över syltlagret. Låt desserten svalna och ställ den sedan kallt tills den är fast.

Vispa grädden fluffig och vänd ner crème fraiche, vaniljextrakt och socker. Bred ut blandningen över fruktdesserten och lägg på några extra klickar som dekoration. Strö på de sista skorpsmulorna och dragéerna.

Choklad- & skogsbärsdessert: tina 500 g frysta skogsbär och värm dem några minuter i en kastrull tillsammans med 4 matskedar crème de cassis, 2 matskedar vatten och knappt 2/3 dl socker. Lyft upp bären med en hålslev och lägg dem över de italienska chokladskorporna, sherryn och sylten i skålen. Blanda 1 matsked arrowrot med 2 matskedar kallt vatten och häll blandningen i den röda fruktsaften i kastrullen. Värm under omrörning tills såsen har tjocknat. Häll den sedan över bären. Gör vaniljsåsen och fortsätt enligt receptet ovan.

irländsk kaffetårta

8 personer
Förberedelser **30 minuter**, plus tid att svalna och kallna
Tillagningstid **10 minuter**

2 msk **snabbkaffepulver**
1 dl **hett vatten**
drygt ½ dl **strösocker**
3 msk **irländsk whiskey**
300 g **mörk choklad**, bruten i bitar
3 dl **vispgrädde**
1 dl **grekisk yoghurt**
200 g **savoiardikex**

Till dekoration
hyvlad mörk choklad eller mjölkchoklad (sidan 12)
kakao att pudra över

Lös upp snabbkaffet vattnet i en kastrull. Tillsätt sockret och värm försiktigt tills sockret lösts upp. Koka upp och koka rejält i 1 minut. Lyft bort kastrullen från plattan och låt kaffet svalna. Tillsätt whiskeyn.

Smält chokladen tillsammans med hälften av grädden i en skål ställd över en kastrull med sjudande vatten (sidan 10). Lyft bort kastrullen från plattan och rör ner yoghurten och resten av grädden. Låt blandningen stå och tjockna lite.

Bred ut ett tunt lager chokladsmet på ett plant fat till en 23 × 10 cm stor rektangel. Doppa en tredjedel av kexen i kaffesirapen så att de blir mjuka men inte genomblöta.

Lägg kexen bredvid varandra över chokladen och bred sedan på mer chokladsmet. Doppa hälften av de återstående kexen i sirapen och lägg dem över chokladen. Bred ut mer chokladsmet och täck den sedan med resten av de sirapsdoppade kexen.

Bred ut resten av chokladsmeten över sidorna och ovansida så att kakan blir helt täckt. Jämna till chokladen med kniven. Ställ kallt i 3–4 timmar tills kakan stelnat. Dekorera med hyvlad choklad och pudra med kakao.

Cappuccinotårta: byt irländsk whiskey mot 3 matskedar Kahula och använd 300 g vit choklad i stället för mörk. Gör en chokladrektangel som ovan, täck den med de doppade kexen och strö sedan på 25 g riven mjölkchoklad och fortsätt att göra nya lager. Ställ kallt och avsluta enligt ovan.

silkeslena chokladtarteletter

8 personer
Förberedelser **10 minuter**, plus tid att kallna
Tillagningstid **5 minuter**

225 g **mörk choklad**
3 dl **vispgrädde**
8 färdiggräddade **mördegsskal**, ca 7 cm i diameter
2 msk **kakao** (valfritt)
200 g färska **hallon**
hyvlade **mörka chokladspån** (sidan 12)

Smält chokladen i en skål ställd över en kastrull med sjudande vatten (sidan 10). Värm försiktigt grädden i en kastrull och rör ner den smälta chokladen.

Ställ pajskalen på en bricka. Häll i chokladsmeten och ställ pajkalen kallt i 1 timme.

Lägg hallon över tarteletterna, pudra eventuellt med kakao och avsluta med några långa chokladspån.

Choklad- & jordgubbstarteletter: byt den mörka chokladen mot 225 g mjölkchoklad och lägg 200 g färska skivade jordgubbar på tarteletterna i stället för hallon. Pudra med 1 matsked råströsocker i stället för kakao.

cheesecake tiramisu

8–10 personer
Förberedelser **20–25 minuter,** plus tid att svalna och kallna
Tillagningstid **50 minuter**

20 **savoiardikex**
175 g **mörk choklad**
750 g **mascarpone**
1 ¾ dl **råströsocker**
3 **ägg**, separerade
drygt ½ dl **vetemjöl**
3 msk **grappa**
1 tsk **vaniljextrakt**
2 ms **espressokaffe**
2 msk **kaffelikör**

Till dekoration
hyvlat spån av mörk choklad, marmorerad vit- och mjölkchoklad (sidan 12)
2 msk siktat **florsocker**

Sätt ugnen på 200 °C.

Klä en 23 cm stor springform med bakplåtspapper. Täck botten med savoiardikexen – skär till dem så att de passar.

Smält chokladen i en skål ställd över en kastrull med sjudande vatten (sidan 10).

Kör mascarpone, socker och äggulor slätt i en matberedare. Lägg över en tredjedel av smeten i en annan skål, tillsätt mjöl, grappa och vaniljextrakt och blanda väl. Häll den smälta chokladen, espressokaffe och kaffelikör i mascarponesmeten i matberedarskålen och blanda. Häll över i en stor skål.

Vispa äggvitorna blanka och styva i en torr och ren skål. Vänd ner två tredjedelar i chokladsmeten och en tredjedel i den vita smeten. Häll chokladsmeten i den kexklädda formen och skeda sedan på den vita smeten så att chokladlagret täcks.

Grädda i 45 minuter. Stäng sedan av ugnen men lämna ugnsluckan på glänt. Låt kakan svalna i ugnen.

Ställ den kallt i 3 timmar när den svalnat. Lägg de hyvlade chokladspånen över ytan, pudra med florsocker och servera.

Lätt cheesecake med vanilj, choklad & banan: byt savoiardikexen mot en stor sockerkaksbotten. Blanda mascarpone, socker och äggulor, tillsätt sedan mjöl, 1 dl mjölk, 1 matsked vaniljextrakt, den smälta chokladen och 2 mosade mogna bananer. Uteslut grappa, kaffe och likör. Grädda enligt ovan och dekorera sedan med 75 g bananchips.

trifle med vit choklad & bär

8 personer
Förberedelser **40 minuter**, plus tid att kallna
Tillagningstid **15 minuter**

1 kg frysta **sommarbär**
drygt 1 dl **råströsocker**
2 tsk **arrowrot**
225 g skotska **ratafiakex**, plus 8 smulade, till dekoration
5 msk **röd vermouth**
2 ¾ dl **vispgrädde**
200 g **vit choklad med vanilj**
500 g färdigköpt **vaniljkräm**, rumstempererad
5 dl silad **grekisk yoghurt**
2 msk ljust **muscovadosocker**

Värm försiktigt bär och råströsocker i en kastrull i cirka 5 minuter, tills sockret lösts upp och bären tinat.

Låt bären rinna av i en sil, häll tillbaka saften i kastrullen och värm den. Blanda arrowrot och 1 matsked kallt vatten till en slät pasta. Blanda ner den varma saften i kastrullen och rör blandningen tjock och slät.

Lägg kexen i botten av en stor glasskål eller i portionsskålar. Häll på den röda vermouthen. Skeda på bären och den tjocknade saften.

Vispa grädden lätt och ställ undan hälften i kylskåpet. Smält den vita chokladen i en skål över en kastrull med sjudande vatten (sidan 10). Tillsätt i hälften av vaniljkrämen och blanda väl. Lyft bort skålen från plattan och rör ner resten av vaniljkrämen. Vänd sedan ner den vispade grädden. Skeda vaniljblandningen över bären. Ställ desserten kallt i 1 timme.

Blanda yoghurt, ljust muscovadosocker och kall vispgrädde från kylskåpet. Skeda gräddblandningen över vaniljkrämen, släta till ytan och strö över extra smulade ratafiakex.

Trifle med tropisk frukt: ersätt de frysta bären med 2 stycken 500 g påsar fryst tropisk frukt och tillaga enligt ovan. Byt röd vermouth mot 5 matskedar sött vitt vin och ringla det över ratafiakexen. Avsluta med vaniljkräm med vit choklad och avsluta med grädde enligt ovan.

bavaroise med kaffe och choklad

10 personer
Förberedelser **45 minuter**,
plus tid att frysa och kallna
Tillagningstid **10 minuter**

1 liter **kaffegrädde**
150 g hackad **mörk choklad**
2 tsk **majsmjöl**
drygt ½ dl **råströsocker**
8 **äggulor**
25 g **gelatinpulver**
1 msk **espressokaffe**
4 msk **kaffelikör**

Lägg bakplåtspapper i en 1 liters avlång sockerkaksform och ställ den i frysen så att den blir riktigt kall.

Värm sakta hälften av grädden. Lägg i chokladen och rör tills den har smält. Lyft bort kastrullen från plattan.

Häll hälften av majsmjöl, socker och äggulor i en skål. Blanda resten av majsmjölet, sockret och äggulorna i en andra skål. Rör och vispa sakta ner chokladgrädden i den ena skålen. Häll över innehållet i kastrullen och värm försiktigt under omrörning tills blandningen tjocknar lite och blir slät. Vispa ner hälften av gelatinpulvret och häll över alltsammans i en tillbringare.

Lägg hälften av chokladgrädden i den kalla formen. Frys utan att täcka över på slätt underlag i 45 minuter, tills blandningen precis stelnat.

Blanda resten av grädden, espressokaffe och kaffelikör i en kastrull på låg värme. Vispa i blandningen i den andra skålen, häll över den i kastrullen och värm. Tillsätt resten av gelatinet och vispa. Lyft av kastrullen från plattan och häll över alltsammans i en tillbringare.

Lägg hälften av kaffegrädden över den stela chokladgrädden och ställ in i frysen i ytterligare 30 minuter, tills desserten stelnat. Häll på resten av chokladkrämen och frys i 20 minuter, tills den stelnar. Lägg på det sista kaffegräddelagret. Ställ kallt i 4 timmar. Dra en varm kniv runt sidorna, stjälp upp på en skärbräda och skiva.

Choklad-, apelsin- & amarettibavaroise: strö 75 g krossade amarettikex i formen innan den ställs in i frysen. Byt kaffet mot 1 msk apelsinjuice och 2 msk finrivet apelsinskal. Byt kaffelikören mot apelsinlikör.

brylépudding med trippelchoklad

6 personer
Förberedelser **30 minuter**, plus tid att frysa och kallna
Tillagningstid **5 minuter**

8 **äggulor**
1 ⅔ dl **råströsocker**
6 dl **vispgrädde**
125 g finhackad **mörk choklad**
125 g finhackad **vit choklad**
125 g finhackad **mjölkchoklad**
3 msk **Amaretto di Saronno** eller **konjak** (valfritt)

Till dekoration
råströsocker, att strö över
hyvlat spån av **mörk choklad, mjölkchoklad** och **vit choklad** (sidan 12)

Blanda äggulor och hälften av sockret i en skål med en gaffel. Häll grädden i en kastrull och värm tills den nästan kokar. Vispa gradvis ner grädden i äggsmeten till en krämig konsistens.

Sila äggkrämen ner i en bunke och fördela den lika i 3 skålar. Rör ner en chokladsort i varje skål och tillsätt eventuellt 1 matsked likör. Rör tills chokladen smält.

Fördela äggkrämen med mörk choklad mellan 6 ramekinformar. Låt krämen svalna och ställ sedan in formarna i frysen i 10 minuter, så att krämen stelnar.

Ta ut formarna ur frysen. Rör om i den vita chokladkrämen och skeda den över det mörka lagret i formarna. Ställ tillbaka dem in i frysen i 10 minuter.

Ta ut formarna. Rör om i mjölkchokladkrämen och skeda upp den i formarna. Ställ in dem i kylskåpet i 3–4 timmar, tills de stelnat. Ca 25 minuter före serveringen, strö på resten av sockret och karamellisera det med en blåslampa eller under en het ugnsgrill. Låt brylépuddingarna stå framme i rumstemperatur tills de ska ätas och dekorera slutligen med rullade chokladspån, om så önskas.

Snabb brylépudding med trippelchoklad: uteslut äggulor, grädde och Amaretto eller konjak. Blanda 6 dl grekisk yoghurt, 2 dl crème fraiche och 1 tsk vaniljextrakt. Blanda i råströsocker. Häll i 3 skålar och rör en sorts hackad choklad i varje skål. Skeda upp de 3 blandningarna i ramekinformar i 3 lager, utan att frysa mellan varje, ställ i kylskåp i 30 minuter innan serveringen.

chokladcheesecake

14 personer
Förberedelser **45 minuter**,
plus tid att svalna och kallna
Tillagningstid **50 minuter**

225 g smulade **digestivekex**
65 g smält **smör**
225 g **mörk choklad**
225 g **vit choklad**
350 g **cream cheese**
500 g **kesella**
knappt 2 dl **råströsocker**
3 **ägg**

Sätt ugnen på 160 °C.

Smörj botten av en 23 cm stor springform och lägg i bakplåtspapper. Blanda kexsmulor och smält smör och tryck ner blandningen i formens botten.

Smält den mörka och vita chokladen i separata skålar över kastruller med sjudande vatten (sidan10).

Kör cream cheese, kesella, socker och ägg slätt i en matberedare. Häll över hälften av smeten i den smälta mörka chokladen och den andra hälften i den smälta vita chokladen. Rör tills blandningarna är släta. Skeda upp hälften av den vita chokladsmeten över kexbotten, fortsätt med den mörka smeten och avsluta sedan med resten av den vita chokladsmeten. Rissla ett litet grillspett genom de vita och mörka lagren så att ytan marmoreras.

Grädda i 50 minuter så att kakan höjer sig en aning och känns nätt och jämnt fast. Låt den först svalna, ställ den sedan kallt.

Choklad- & halloncheesecake: använd chokladdigestivekex och använd enbart 450 g mörk choklad. Smält chokladen med 50 g smör och blanda sedan i 2¼ matskedar kakao. Rör 500 g cream cheese, knappt 2 dl råströsocker och 3 stora ägg och blanda ner smeten i den smälta chokladen. Blanda ner 6 dl crème fraiche. Grädda, låt svalna och ställ kallt enligt ovan. Dekorera med 250 g hallon.

pannacotta med choklad & likör

2 personer
Förberedelser **10 minuter**, plus tid att kallna
Tillagningstid **5 minuter**

1 ¼ dl **vispgrädde**
1 ½ dl **mjölk**
3 msk ljust **muscovadosocker**
½ dl **chokladlikör**
40 g grovhackad **mörk choklad**
1 ½ tsk **gelatinpulver**
1 tsk **vaniljextrakt**
4 **kaffebönor täckta av vit choklad**

Värm 1 dl grädde i en liten kastrull tillsammans med mjölk, socker, 1 matsked chokladlikör och choklad. Rör försiktigt tills chokladen har smält. Värm till kokpunkten.

Lyft bort kastrullen från plattan, strö i gelatinet och låt stå i 5 minuter. Rör, tillsätt vaniljextrakt och blanda. Sila över blandningen i en tillbringare.

Smörj två portionsstora puddingformar och lägg plastfolie i dem. Häll över smeten i formarna och ställ dem kallt i 2 timmar.

Stjälp upp pannacottan på fat och dra bort plastfolien. Blanda resten av grädden med chokladlikören och skeda runt pannacottan. Avsluta med en vit choklad-kaffeböna på varje dessert.

Pannacotta med vit choklad & honung: byt det ljusa muscovadosockret mot 1 matsked råströsocker och 2 matskedar honung. Ersätt den mörka chokladen med 75 g vit choklad. Fortsätt enligt ovan och servera med chokladlikör och en mörk chokladkaffeböna på varje portion.

pyramidskivor

10 personer
Förberedelser **20 minuter**,
plus tid att svalna och stelna
Tillagningstid **10 minuter**

300 g **mjölkchoklad**, bruten i bitar
1 dl **kondenserad mjölk**
175 g krossade **digestivekex**
125 g urkärnade och grovhackade **dadlar**, **katrinplommon** eller **torkade aprikoser**
100 g hackade **blandade nötter**
50 g **mörk choklad**

Värm sakta mjölkchoklad och kondenserad mjölk i en tjockbottnad kastrull. Rör flitigt tills chokladen har smält. Ta av kastrullen från plattan och häll över smeten i en skål. Låt den svalna men inte stelna. Rör i kex, torkad frukt och nötter.

Smörj botten och 3 sidor av en djup, stor avlång form och lägg i plastfolie. Stöd och luta formens ena sida så att den ligger i 45 graders vinkel och den sida av formen som saknar plastfolie är överst, och spetsen nederst. Skeda upp smeten i formen och jämna till ytan. Låt kakan stelna och ställ sedan in den i kylskåpet så att den blir riktigt fast. Ta upp den ur formen och dra bort plastfolien.

Smält den mörka chokladen (sidan 10). Ta en tesked och ringla ränder av smält choklad över kakan. Låt den stelna igen och servera den sedan i tunna skivor.

Kylskåpsgodis: byt digestivekex mot 175 g mördegskex, brutna i bitar. Använd 125 g blandade torkade röda bär och 100 g krossade ratafiakex i stället för blandad frukt och nötter. Lägg plastfolie i en 1 liters avlång sockerkaksform och följ receptet ovan. Till dekoration, smält 50 g vit choklad och ringla över kakans topp och sidor.

glasspaj med dubbel choklad

8 personer
Förberedelser **15 minuter**, plus infrysning
Tillagningstid **5 minuter**

5 dl **chokladglass** av god kvalitet
75 g **margarin av olivolja**
200 g grovt smulade **mörka chokladdigestivekex**
2 stora skivade **bananer**
1 msk **citronjuice**
1 stor, tunt skivad kaka **chokladkola**

Ta fram glassen ur frysen och låt den mjukna. Smörj botten av en 20 cm stor pajform med löstagbar botten och lägg i bakplåtspapper.

Smält olivmargarinet i en kastrull och tillsätt chokladkexsmulor, blanda väl och tryck ner blandningen i formens botten.

Vänd bananskivorna i citronjuicen och strö ut dem över kexbottnen.

Bred ut glassen över bananerna med en palettkniv så att de blir jämnt täckta.

Strö chokladkolaskivorna över glassen. Frys i minst 1 timme och servera sedan.

Paj med banankolaglass: använd 200 g naturella digestivekex i stället för chokladkexen och avsluta med 400 g dulce de leche (söt mjölkbaserad sås). Lägg på citronvända bananskivor och avsluta enligt ovan, med 5 dl kolaglass av god kvalitet i stället för chokladglass.

varma puddingar

krämiga mockapuddingar

10 stycken
Förberedelser **15 minuter**
Tillagningstid **20 minuter**

200 g **mörk choklad**
250 g **smör**
4 msk **kaffelikör**
1 msk **espressokaffe**
4 stora **ägg**
2 stora **äggulor**
drygt 1 ½ dl **råströsocker**
drygt 1 dl siktat **grahamsmjöl**
2 msk **florsocker**

Sätt ugnen på 200 °C

Smält chokladen med smöret i en skål ställd över en kastrull med sjudande vatten (sidan 10). Ta bort skålen så fort chokladen har smält och tillsätt kaffelikör och espressokaffe. Rör tills blandningen är blank.

Vispa ägg, äggulor och socker i en skål i ca 10 minuter till en ljus, tjock och löddrande smet som fördubblat sin storlek. Häll chokladblandningen i den vispade äggsmeten och tillsätt mjöl och alla gryn som finns kvar i silen. Vänd försiktigt samman ingredienserna.

Smörj 10 ugnsfasta stora muffins- eller ramekinformar. Ös upp smeten i de smorda formarna och ställ dem på en bakplåt. (De kan ställas kallt i flera timmar innan de bakas.) Baka i 10–12 minuter, tills de precis stelnat runt kanterna och är krämiga inuti.

Pudra med florsocker och servera direkt (ju längre de får stå desto fastare blir de i mitten).

Krämiga apelsinchokladpuddingar: byt den mörka chokladen mot 200 g apelsinchoklad och ersätt kaffelikören med 4 matskedar apelsinlikör. Använd 4 matskedar apelsinjuice och 2 matskedar finrivet apelsinskal i stället för espressokaffe. Baka sedan kakorna enligt receptet ovan.

chokladcroissantpudding

3 personer
Förberedelser **15 minuter**
Tillagningstid **15 minuter**

2 msk **kakao**
3 msk **florsocker**
1 dl **mjölk**
5 dl färdig **vaniljkräm**
3 stora **croissanter**
6 msk **nutella** eller hemgjort **chokladpålägg** (sidan 128)

Sätt ugnen på 200 °C.

Blanda kakao och 2 matskedar florsocker i en tillbringare och tillsätt gradvis mjölken till en slät pasta. Rör sakta ner vaniljkrämen och vispa blandningen slät.

Dela croissanterna i halvor på längden och bred smörgåschoklad över de skurna sidorna. Lägg samman croissanterna igen och lägg upp dem i en låg, ugnsfast form.

Skeda chokladvaniljkrämen runt croissanterna och grädda i 15 minuter. Pudra med resten av det siktade florsockret vid serveringen.

Chokladpanettonepudding: gör chokladvaniljkrämen på samma sätt som ovan men tillsätt 2 matskedar konjak och finrivet skal av 1 citron. Bred 25 g smör över 6 skivor panettone. Lägg panettoneskivorna i en ugnsfast form, häll på chokladvaniljkrämen och grädda enligt ovan. Pudra med florsocker vid serveringen.

chokladrisotto

4 personer
Förberedelser **15 minuter**
Tillagningstid **20 minuter**

6 dl **mjölk**
drygt ¼ dl **råströsocker**
50 g **smör**
125 g **arborio- eller carnaroliris**
50 g rostade och hackade **hasselnötter**
50 g **sultanrussin**
125 g riven **mörk choklad** av god kvalitet, plus lite extra till dekoration
konjak (valfritt)

Värm mjölk och råströsocker i en kastrull tills mjölken sjuder.

Smält smöret i en tjockbottnad kastrull, tillsätt riset och rör ordentligt så att grynen täcks. Tillsätt en liten mängd varm mjölk och rör ordentligt. När riset absorberat mjölken tillsätts ytterligare mjölk. Fortsätt på samma sätt och tillsätt mjölk i omgångar och rör tills den absorberats. Riset ska vara aningen *al dente*, med en krämig sås.

Tillsätt hasselnötter, sultanrussin och choklad och blanda fort. Servera desserten dekorerad med lite riven choklad. Blanda inte chokladen för länge eftersom det marmorerade utseendet ser trevligt ut. Chokladrisotton blir extra god med ett stänk konjak precis innan den serveras.

Rispudding med choklad & apelsin: tillsätt finrivet skal av 1 apelsin när mjölken och sockret värms upp. Gör risotton enligt ovan och rör sedan i 2 matskedar apelsinjuice, 125 g riven mjölkchoklad och 75 g hackad tropisk frukt i stället för hasselnötter, sultanrussin och mörk choklad. Spara lite av den rivna chokladen till dekoration.

kladdkakor med körsbärskompott

6 stycken
Förberedelser **20 minuter**
Tillagningstid **18 minuter**

Kompott
knappt ¾ dl **råströsocker**
2 msk **vatten**
125 g delade och urkärnade färska **körsbär**
1 ½ dl **muscatvin**
100 g färska **körsbär**, hela med stjälkar

Kakor
175 g **mörk choklad**
175 g **smör**
4 **ägg**
4 **äggulor**
1 dl **råströsocker**
1 ¼ dl siktat **vetemjöl**

Värm råströsocker och vatten i en kastrull i ca 2 minuter, tills sockret har lösts upp och börjat bli sirapsaktigt. Blanda i de delade körsbären och koka under omrörning i 1 minut. Häll i muscatvinet, koka upp och reducera i 5 minuter. Tillsätt sedan de hela körsbären och koka i 1 minut. Ställ att svalna.

Smält choklad och smör i en skål över en kastrull med sjudande vatten (sidan 10). Sätt ugnen på 190 °C.

Vispa hela ägg, äggulor och råströsocker tills äggsmeten är mycket ljus, skummar och blivit dubbelt så stor. Häll i den smälta chokladblandningen och vänd försiktigt ner först den och sedan mjölet.

Smörj 6 runda kakringar, 6 x 8 cm, och ställ dem på en bakplåt med bakplåtspapper eller använd tartelettformar med non-stick eller en muffinsplåt. Häll upp smeten i kakringarna eller formarna och grädda i 8 minuter tills kakorna är fasta på utsidan och krämiga inuti. (Kakorna kan ställas kallt i upp till 5 timmar innan de gräddas i 9 minuter.)

Ta bort ringarna eller stjälp upp kakorna ur formarna. Ringla bärsaft över och servera med körsbärskompotten. Lägg ett par körbär med stjälk på varje tallrik.

Vita chokladkakor med aprikoskompott: dela 225 g färska aprikoser i fjärdedelar och ta bort kärnorna. Använd 125 g aprikosdelar i stället för delade körsbär och 100 g aprikosdelar i stället för de hela körsbären. Lägg en kanelstång i kastrullen medan aprikoserna sjuder. Använd 175 g vit choklad till kakorna i stället för mörk choklad.

syndigt god chokladpudding

6 personer
Förberedelser **20 minuter**
Tillagningstid ca **2 timmar**

75 g **smör**
2 dl **ljust muscovadosocker**
finrivet skal av 1 **apelsin**
2 **ägg**
2 ½ dl **extra fint vetemjöl**
½ dl **kakao**
½ tsk **bikarbonat**
100 g hackad **mjölkchoklad**
grädde eller färdig **vaniljkräm**, till serveringen

Sås
1 ¾ dl ljust **muscovadosocker**
75 g **smör**
4 msk **apelsinjuice**
50 g urkärnade och hackade **dadlar**

Mät upp smör, socker, apelsinskal och ägg i en stor skål och sikta i mjöl, kakao och bikarbonat. Vispa blandningen krämig och blanda sedan i chokladen.

Smörj insidan av en 1,2 liters puddingform och lägg bakplåtspapper över botten. Häll upp smeten i formen och jämna till ytan. Täck med dubbelt bakplåtspapper och ett lager plastfolie. Fäst under puddingsformens kant med snöre.

Koka upp 5 cm vatten i en stor kastrull. Sänk ner puddingformen och lägg lock på kastrullen. Ångkoka i 1 timme och 45 minuter. Fyll på med mer hett vatten om det behövs.

Värm försiktigt socker, smör och apelsinjuice i en liten kastrull tills sockret löses upp och koka i 1 minut. Rör ner dadlarna och koka i ytterligare 1 minut. Vid serveringen, stjälp upp puddingen på ett fat och häll såsen över. Servera med grädde eller vaniljkräm.

Chokladsås: kan serveras till puddingen i stället för apelsin- och dadelsås och grädde eller vaniljkräm. Smält försiktigt 50 g hackad mörk choklad i 6 dl kaffegrädde i en skål ställd över vattenbad (sidan 10). Lyft bort skålen från kastrullen. Blanda 4 äggulor, ½ dl råströsocker och 1 matsked majsmjöl. Tillsätt den varma chokladgrädden, vispa, ställ tillbaka skålen över kastrullen och rör tills såsen tjocknar.

briochepudding med chokladsås

4 personer
Förberedelser **10 minuter,** plus tid att svalna
Tillagningstid **30 minuter**

15 g **smör**
75 g **mörk choklad**, bruten i bitar
1 msk **strösocker**
3 dl **mellanmjölk**
2 stora **ägg**
3 **briocher**, i 12 skivor
florsocker, att pudra över
lätt crème fraiche, till serveringen (valfritt)

Sätt ugnen på 200 °C.

Häll smör, choklad, socker och mjölk i en liten kastrull och värm försiktigt tills sockret har lösts upp och chokladen smält. Ställ kastrullen åt sidan och låt blandningen svalna lite.

Vispa äggen i en medelstor skål och tillsätt gradvis chokladsmeten under oavbruten vispning.

Smörj en låg, avlång ugnsfast form. Blötlägg briocheskivorna i chokladsmeten och lägg dem sedan i ett lager i formen.

Häll på eventuell kvarvarande vätska och grädda i 25–30 minuter tills puddingen höjt sig och precis stelnat. Pudra med florsocker och servera med lite crème fraiche bredvid.

Briochepudding med kolasås: blanda 100 g smör och drygt 1 dl råströsocker i en kastrull. Tillsätt 50 g drickchoklad och värm försiktigt under omrörning tills sockret har lösts upp. Blanda gradvis i 3 dl mjölk och fortsätt att röra tills smeten är slät. Vispa 2 stora ägg i en medelstor skål och tillsätt sakta i kolasåsen under oavbruten vispning. Häll tillbaka såsen i kastrullen och värm försiktigt under omrörning tills den tjocknat lite och är slät. Förbered och tillaga puddingen enligt receptet här ovan.

pannkakor med choklad & ricotta

4 stycken
Förberedelser **25–30 minuter**
Tillagningstid **25–35 minuter**

Pannkakor
drygt 2 dl **vetemjöl**
2 msk **råströsocker**
1 **ägg**
3 dl **mjölk**
smör eller **vegetabilisk olja,** att steka i

Fyllning
1 bit finhackad inlagd **ingefära**
2 msk **strösocker**, plus extra att strö över
250 g **ricotta**
50 g **russin**
150 g finhackad **vit choklad**
3 tsk **vispgrädde**

Sås
1 ½ dl **strösocker**
1 dl **vatten**
200 g grovt hackad **mörk choklad**
25 g **smör**

Sikta mjölet i en skål och rör i sockret. Tillsätt ägget och lite mjölk och vispa till en tjock smet. Vispa i resten av mjölken.

Smält lite smör eller värm olja i en stekpanna tills det börjar ryka. Häll bort överflödigt fett och tillsätt lite smet. Vippa pannan så att botten täcks med pannkakssmeten. Grädda pannkakan i 1–2 minuter eller tills undersidan börjar bli guldgul.

Vänd pannkakan med en palettkniv och grädda andra sidan i ytterligare 30–45 sekunder. Låt den glida ur stekpannan och grädda resten av pannkakorna.

Blanda ingefära, socker, ricotta, russin, vit choklad och grädde i en skål. Lägg skedar av fyllningen mitt på pannkakorna och vik dem i fjärdedelar så att fyllningen innesluts.

Lägg pannkakorna i en lättsmord ugnsfast form och pudra med socker. Värm i ugnen i 10 minuter i 200 °C.

Lös upp strösockret i vattnet och stormkoka i 1 minut. Dra bort kastrullen från plattan och lägg i chokladen. Låt stå tills chokladen smält. Rör sedan i smöret så att såsen blir slät och blank. Servera den tillsammans med de fyllda pannkakorna.

Fyllning med apelsin, aprikos & cream cheese: blanda finrivet skal av 1 apelsin med 1 matsked apelsinjuice, 2 matskedar råströsocker, 250 g cream cheese, 50 g hackade torkade aprikoser och 150 g hackad vit choklad. Blanda och tillsätt 3 matskedar grädde om det behövs för att få fyllningen mjuk.

vita chokladsuffléer

4 stycken
Förberedelser **30 minuter**, plus tid att svalna
Tillagningstid **15–20 minuter**

smör, till formarna
knappt 1 dl **strösocker**, plus 4 teskedar till formarna
3 **äggulor**
drygt ½ dl **vetemjöl**
2 ½ dl **mjölk**
175 g grovhackad **vit choklad**
1 tsk **vaniljessens**
5 **äggvitor**
siktat **drickchokladpulver** och **florsocker**, att pudra över

Sås
150 g **mörk choklad**, bruten i bitar
1 ¼ dl **mjölk**
4 msk **vispgrädde**
drygt ¼ dl **strösocker**

Sätt ugnen på 220 °C.

Smörj 4 små portionssuffléformar lätt med smör. Skaka sedan 1 tesked strösocker i varje form och häll bort överflödigt socker. Ställ formarna på en bakplåt.

Vispa hälften av det återstående sockret och äggulorna i en skål tills smeten är tjock med konsistens som mousse. Sikta mjölet och vänd försiktigt ner det.

Låt mjölken nätt och jämt koka upp i en kastrull och vispa gradvis ner den i äggsmeten. Häll tillbaka mjölken i kastrullen och värm på medelhög värme och under omrörning tills blandningen tjocknat och är slät. Lyft av kastrullen från plattan, tillsätt hälften av den vita chokladen och rör tills den har smält. Blanda i vaniljessens, lägg på ett lock och låt smeten svalna.

Vispa äggvitorna styva. Vispa gradvis i resten av strösockret så att äggvitan blir tjock och blank. Vänd ner en stor sked äggvita i den avsvalnade mjölkblandningen för att lösa upp den och vänd sedan ner resten av den vita chokladen. Vänd försiktigt ner resten av äggvitan.

Skeda smeten i suffléformarna och grädda i 10–12 minuter i 220 °C i tills suffléerna höjt sig rejält.

Värm försiktigt ingredienserna till såsen i en kastrull och rör tills blandningen är slät. Häll upp den i en såskanna. Pudra suffléernas ovansida med chokladpulver och florsocker, ringla såsen över och servera omedelbart.

Bärkompott: i stället för chokladsås, värm 500 g frysta blandade bär med drygt ½ dl strösocker och 6 matskedar créme de cassis tills bären börjar mjukna.

dags att fira

vit chokladtårta

8 personer
Förberedelser **10 minuter**, plus tid att svalna
Tillagningstid **45 minuter**

475 g **vit choklad**
125 g **smör**
3 stora **ägg,** vitor och gulor separerade
1 ⅔ dl **råströsocker**
1 ¼ dl siktat **grahamsmjöl**
½ tsk **bakpulver**
50 g **mald mandel**

Sätt ugnen på 180 °C.

Smält 225 g choklad och smöret i en skål över en kastrull med sjudande vatten (sidan 10). Spara resten av chokladen till dekoration.

Vispa äggulor och socker ljust, tjockt och pösigt. Vispa sakta i den smälta chokladen. Vänd ner mjölet (och alla gryn som stannat kvar i silen) och den malda mandeln.

Vispa äggvitorna styva i en stor torr skål. Vispa i en stor sked äggvita i chokladsmeten för att lösa upp den lite och vänd sedan ner resten med en stor metallsked.

Smörj en 20 cm stor springform och lägg i bakplåtspapper. Häll upp smeten i formen och grädda i 45 minuter. Testa med en provsticka i kakans mitt, den ska vara torr om kakan är färdiggräddad.

Låt kakan svalna i formen i 10 minuter. Lossa sedan formens sidor och låt kakan fortsätta att svalna. Riv hälften av den sparade vita chokladen (sidan 12) och smält resten i en skål över en kastrull med vattenbad. Bred ut den smälta chokladen över den avsvalnade kakan och strö sedan på den rivna chokladen.

Konjakstårta med mjölkchoklad: byt den vita chokladen mot 475 g mjölkchoklad. Byt strösockret mot 1¾ dl ljust farinsocker. Vispa socker och äggulor och vispa sedan i ½ dl konjak och 225 g smält mjölkchoklad (spara 250 g till dekoration). Vänd ner mjöl och mandel och fortsätt enligt receptet som ovan.

marmorerad chokladbomb

20 personer
Förberedelser **1 timme**, plus tid att svalna
Tillagningstid **1 timme och 15 minuter**

250 g **smör**
2 dl **råströsocker**
några droppar **vaniljextrakt**
5 lättvispade **ägg**
drygt 4 dl **extra fint vetemjöl**, plus lite till formen
100 g hackad **vit choklad**
100 g hackad **mörk choklad**
25 g **kakao**
75 g varm **aprikossylt**
1 **vit chokladkaffeböna**

Sirap
drygt ½ dl **råströsocker**
1 dl **vatten**
½ dl **apelsinlikör**

Marsipan
1 msk **flytande glukos** eller **apelsinlikör**
450 g **vit marsipan**
50 g **kakao**

Sätt ugnen på 180 °C.

Rör smör, socker och vaniljextrakt ljust och luftigt och vispa sedan gradvis i äggen. Vänd ner mjölet. Skeda över hälften av smeten i en annan skål. Tillsätt de vita chokladbitarna i den ena skålen och de mörka chokladbitarna och kakaon i den andra. Blanda väl.

Smörj en värmefast skålad bakform och pudra den med mjöl. Varva de båda kaksmetarna i formen och dra sedan en kniv genom för att marmorera. Gör en svacka i mitten av smeten och grädda i 1–1¼ timme. Låt kakan svalna i 15 minuter, stjälp upp den på ett galler och låt den svalna i ytterligare 30 minuter.

Koka socker och uppmätt vatten i en kastrull i flera minuter till en sockerlag. Dra av kastrullen från plattan och tillsätt apelsinlikören.

Knåda in den flytande glukosen eller apelsinlikören och kakaon i marsipanen. Kavla ut två tredjedelar av marsipanen mellan 2 bakplåtspapper, till en 40 cm stor cirkel. Forma sedan stora vågor över den.

Trimma kakbottnen om det behövs och stjälp upp kakan på ett fat. Skeda sirap över den och pensla med varm aprikossylt. Lägg marsipanen över kakan och skär bort det som blir över i botten. Tryck lätt på sidorna så att det blir en kant.

Kavla ut resten av chokladmarsipanen och skär den i 20 × 2,5 cm stora blommor. Kavla ut överbliven marsipan igen och skär ut 3 större blommor av en annan form. Trava dem över tårtan. Lägg de mindre marsipanblommorna runt kakans nedre kant. Avsluta med en vit chokladkaffeböna överst.

riktigt krämig chokladbakelse

12–14 personer
Förberedelser **20 minuter**, plus tid att svalna
Tillagningstid **45 minuter**

250 g **mörk choklad**
250 g **smör**
5 **ägg**
¾ dl **ljust muscovadosocker**
drygt 2 dl **extra fint vetemjöl**
75 g **mald mandel**

Chokladgrädde
1 ½ dl **vispgrädde**
150 g hackad **mörk choklad**

Sätt ugnen på 160 °C.

Smält chokladen över en skål med sjudande vatten (sidan 10).

Vispa ägg och socker till en lätt tjocknad smet. Sikta över mjölet och tillsätt sedan mandel och choklad och vänd tills allt är jämnt blandat.

Smörj en 23 cm stor kvadratisk kakform och lägg i bakplåtspapper. Häll över smeten i formen och grädda i i ca 35 minuter tills kakan är precis fast. Lägg över den på ett galler och låt den svalna.

Värm grädden i en kastrull tills den nästan kokar. Dra bort kastrullen från plattan och lägg i chokladen. Låt den stå tills chokladen har smält och rör sedan blandningen slät. Häll över den i en skål och låt den svalna tills den blivit tjock.

Skär bort kakans översta del om den höjt sig i mitten. Dela kakan på mitten, i en över- och underdel. Bred en tredjedel av chokladgrädden över de skurna sidorna och lägg ihop kakan igen. Bred ut resten av grädden över kakan och gör dekorativa virvlar med en palettkniv.

Choklad-, kola- & pekantårta: blanda 75 g hackade pekannötter i kaksmeten tillsammans med den malda mandeln och grädda enligt receptet här ovanför. Uteslut chokladgrädden och använd i stället en 500 g stor burk dulce de leche (söt kolasås). Bred ut hälften i mitten av kakan och hälften utanpå. Dekorera tårtan med 8 pekannötshalvor.

lyxig chokladrulle

8 personer
Förberedelser **30 minuter**, plus tid att svalna
Tillagningstid **15 minuter**

175 g **mörk choklad**
5 **ägg,** gulor och vitor separerade
2 1/2 dl **råströsocker**, plus extra att strö över kakan
2 3/4 dl **vispgrädde**
6 msk färdigköpt **chokladsås**
1 msk siktat **florsocker**
6 msk färdigköpt **kolasås med banansmak**
chokladblad, till dekoration (sidan 13)

Sätt ugnen på 180 °C.

Smält chokladen över en skål med sjudande vatten (sidan 10). Vispa äggulor och råströsocker i en skål till en ljus och pösig smet. Vispa i den smälta chokladen.

Vispa äggvitorna hårda i en egen torr skål. Använd en metallsked och vänd försiktigt ner en fjärdedel av vitorna i chokladsmeten så att den blir lite lösare. Vänd sedan ner resten.

Smörj en 33 × 23 cm stor ugnsform och lägg i bakplåtspapper. Häll upp smeten i formen och bred ut den ända ut i hörnen. Grädda i 15 minuter tills kakan känns nätt och jämt fast att röra vid. Ta ut den och täck över den med en fuktig kökshandduk. Låt den stå och svalna i 1–2 timmar.

Vispa grädden fluffig och rör ner chokladsåsen – spara 2 matskedar. Blanda i florsockret.

Strö rikligt med strösocker över ett stort bakplåtspapper. Stjälp upp kakan på papperet. Bred på kolasås men lämna 1 cm runt kanterna. Bred sedan på chokladgrädden. Rulla samman kakan, börja i ena kortänden. Lyft upp den på ett fat. Lägg chokladblad på kakan och fäst dem med den sparade chokladgrädden.

Choklad- & jordgubbsrulle: gör en rulle enligt receptet ovan men uteslut kolasåsen. Fyll i stället kakan med 5 matskedar jordgubbssylt, 250 g mascarpone blandad med 2 matskedar råströsocker och 50 g hackade jordgubbar. Rulla samman kakan och dekorera den med 4 halverade jordgubbar.

chokladmockamaränger

8 stycken
Förberedelser **15 minuter**, plus tid att svalna
Tillagningstid **1 timme**

- 6 **äggvitor**
- 5 dl **ljust muscovadosocker**
- 2 tsk **vaniljextrakt**
- 2 msk **majsmjöl**
- 1 msk **espresso snabbkaffepulver**
- 1 msk **vitvinsvinäger**
- 75 g **mörk choklad**, bruten i bitar
- 8 msk **grekisk yoghurt**
- 8 tsk **flytande honung**
- 8 **fikon**

Sätt ugnen på 150 °C.

Vispa äggvitorna hårda i en torr och fettfri skål. Prova om de är färdiga genom att vända skålen upp och ner. Om äggvitorna glider runt ska de vispas lite till, håller de sig stilla är de färdiga.

Vispa i sockret matsked för matsked tills allt är inarbetat. Blanda vaniljextrakt, majsmjöl, kaffepulver och vinäger och vänd ner det i marängen tillsammans med chokladbitarna.

Lägg bakplåtspapper över en plåt. Klicka 8 stora skedar marängsmet över papperet. Grädda i 1 timme. Låt marängerna svalna i ugnen.

Servera marängerna på tallrikar, var och en med en sked yoghurt och lite ringlad honung. Skär ett kryss i toppen av varje fikon och tryck försiktigt på botten så att det öppnar sig. Lägg 1 fikon på varje tallrik.

Maränger med ingefärsgrädde: ersätt majsmjölet med 2 matskedar kakao och gör marängerna enligt receptet här ovan. Blanda 4 matskedar grekisk yoghurt med 4 matskedar vispad grädde, 1 matsked ingefärssirap och 1 kryddmått mald ingefära. Servera varje maräng tillsammans med 1 matsked av blandningen samt en bit inlagd ingefära, delad i fjärdedelar.

chokladmums med blåbär

12 personer
Förberedelser **20 minuter**, plus tid att svalna
Tillagningstid **30 minuter**

knappt 3 dl **råströsocker**
1 dl **vatten**
325 g **mörk choklad**
225 g **smör**
5 **ägg**
300 g **blåbär**, till serveringen
½ dl **crème de cassis**, till serveringen

Sätt ugnen på 120 °C

Värm försiktigt 1¾ dl socker i en kastrull med vattnet tills sockret lösts upp till en ljus sockerlag. Dra av kastrullen från plattan.

Smält choklad och smör i en skål över en kastrull med sjudande vatten (sidan 10). Häll den varma sockerlagen över den smälta chokladen och lyft sedan bort skålen från det varma vattnet.

Vispa resten av sockret med äggen till en ljus och pösig smet som blivit tre gånger så stor. Vispa sakta ner chokladen tills den är väl blandad med äggsmeten.

Smörj en stor rund springform och lägg i bakplåtspapper. Häll över smeten i formen och ställ formen på ett metallunderlägg i en långpanna. Fyll långpannan till tre fjärdedelar med kokande vatten. Grädda i 50 minuter tills kakan är precis fast.

Låt kakan stå kvar i formen och svalna i vattnet. Servera kakan i tårtbitar med några blåbär och lite ringlad crème de cassis till varje bit.

Mockamums med amaretti: smält försiktigt 200 g choklad och 125 g mjölkchoklad med 225 g smör och 3 matskedar starkt espressokaffe. Strö 150 g smulade amarettikex över den smorda formen, avsluta med den smälta chokladen och grädda enligt receptet här ovan. När kakan svalnat, skär den i tårtbitar, pudra med florsocker och servera den med 300 g hallon. Ringla en tesked hallonlikör runt varje kakbit.

chokladfudgekrans

12 personer
Förberedelser **20 minuter**, plus tid att svalna
Tillagningstid **40 minuter**

knappt 3 dl **extra fint vetemjöl**
50 g **kakao**
2 tsk **bakpulver**
drygt 2 dl **strösocker**
175 g **smör**
4 **ägg**
2 tsk **vaniljessens**
4 msk **mjölk**
valnötshalvor, till dekoration

Glasyr
300 g grovt hackad **mörk choklad**
4 msk **mjölk**
50 g **smör**
3 ¾ dl **florsocker**, plus lite att pudra med

Sätt ugnen på 180 °C.

Sikta mjöl, kakao och bakpulver i en skål. Tillsätt socker, smör, ägg, vaniljessens och mjölk och vispa tills ingredienserna är jämnt blandade.

Smörj botten på en stor ringform och kläd med bakplåtspapper. Häll upp smeten i formen och jämna till ytan. Grädda i 35 minuter eller tills kakan känns fast men ger efter för ett lätt tryck. Lossa kakan från formens sidor med en palettkniv och stjälp upp den på ett galler. Låt den svalna.

Värm försiktigt chokladen tillsammans med mjölken i en tjockbottnad kastrull tills chokladen har smält. Rör ofta. Blanda i florsocker och låt krämen stå och svalna lite.

Dela kakan i 3 lager. Vispa glasyren igen tills den har en lätt fudgeliknande konsistens. Bred lite glasyr över de skurna ytorna och lägg samman kakan igen. Bred ut resten av glasyren över kakans ovansida och sidor och gör virvlar med en palettkniv. Dekorera med valnötshalvorna och pudra med florsocker.

Chokladfudgekrans med valnötter: blanda 50 g finhackade valnötter i kaksmeten. Servera kakan med crème fraiche smaksatt med apelsin – blanda finrivet skal av 1 apelsin i 2 dl crème fraiche.

vita chokladtarteletter med tranbär

6 stycken
Förberedelser **30 minuter**, plus tid att svalna och stelna
Tillagningstid **20 minuter**

250 g **frysta tranbär**
½ dl **råströsocker**
4 msk **crème de cassis**
200 g **vit choklad med vaniljsmak**
300 g **kesella**
1 tsk **vaniljpasta**
2 msk **tranbärsgelé**
6 färdigköpta **mördegspajskal**

Värm försiktigt tranbär, socker och crème de cassis i en kastrull i några minuter tills tranbären mjuknar. Sila tranbären och ställ dem åt sidan för att svalna. Spara juicen.

Smält den vita chokladen i en skål över en kastrull med sjudande vatten (sidan 10). Blanda i kesella och vaniljpasta och vispa rejält. Täck över och ställ kallt.

Blanda tranbärsgelén i den sparade tranbärsjuicen i kastrullen. Värm försiktigt så att gelén smälter och rör sedan till en sås.

Skeda över vanilj- och chokladsmeten i mördegspajskalen 1–2 timmar innan de ska serveras. Lägg på tranbären och skeda tranbärssåsen över. Ställ tarteletterna kallt fram till serveringen.

Hemgjorda pajdegskal: blanda knappt 3 dl vetemjöl med 75 g smör till en smuldeg. Tillsätt knappt 1 dl florsocker och 2 äggulor och blanda till en deg. Svep in den i plastfolie och lägg kallt i 30 minuter. Smörj 6 stycken 6 × 8 cm stora formar och lägg bakplåtspapper i bottnarna. Dela degen i 6 delar och tryck ner den i formarna. Ställ dem kallt i 20 minuter. Skär bort överflödig deg, lägg bakplåtspapper i degskalen, fyll dem med torkade bönor och förgrädda i 190 °C varm ugn i 8 minuter. Ta bort papper och bönor och grädda skalen i 4 minuter så att de blir guldgula och frasiga. Låt dem svalna i formarna i 10 minuter och låt dem sedan svalna helt på ett galler innan de fylls.

mäktig chokladtårta

12–14 personer
Förberedelser **25 minuter**, plus tid att svalna och stelna
Tillagningstid **40 minuter**

200 g **mörk choklad**
2 msk **mjölk**
175 g **smör**
drygt 2 dl **strösocker**
175 g **malda hasselnötter** eller **mandlar**
⅔ dl **vetemjöl**
5 **ägg**, gulor och vitor separerade
3 msk **varmt vatten**

Sirap
drygt ⅓ dl **strösocker**
4 msk **konjak** eller **apelsin-** eller **kaffelikör**
½ dl **vatten**

Glasyr
5 msk **aprikossylt**
drygt ⅓ dl **strösocker**
¾ dl **vatten**
200 g **mörk choklad**
25 g **mjölkchoklad**

Sätt ugnen på 180 °C.

Smält 200 g mörk choklad i mjölken i en skål ställd över en kastrull med sjudande vatten (sidan 10). Häll chokladen i en skål tillsammans med smör, drygt 2 dl socker, hasselnötter eller mandlar, mjöl, äggulor och det uppmätta varma vattnet och vispa smeten slät.

Vispa äggvitorna styva och vänd ner dem i chokladsmeten.

Smörj en 23 cm stor kakform och lägg i bakplåtspapper. Häll upp smeten i formen och jämna till den. Grädda i ca 30 minuter tills den är precis fast. Täck över kakan med en fuktig kökshandduk och låt den svalna.

Blanda drygt ⅓ dl socker, konjak eller likör och vatten i en liten kastrull och värm försiktigt tills sockret lösts upp. Koka livligt i 1 minut till en sirap. Stjälp upp kakan på ett galler, ta bort bakplåtspapperet och skeda sirapen över den.

Värm aprikossylten, tryck den genom en sil och pensla den över kakan.

Värm drygt ⅓ dl strösocker och ¾ dl vatten i en liten, tjockbottnad kastrull tills sockret är upplöst. Koka livligt i 1 minut och rör sedan i 200 g mörk choklad. Rör flitigt tills chokladen har smält. Låt glasyren stå tills den börjar tjockna. Smält mjölkchokladen.

Häll chokladglasyren över kakan och bred ut den över sidorna med en palettkniv. Dekorera genom att ringla smält mjölkchoklad runt kakans ovansida. Ställ tårtan kallt så att glasyren stelnar.

lätta kokos- & chokladkakor

6 stycken
Förberedelser **20 minuter**, plus tid att svalna
Tillagningstid **30 minuter**

75 g **kokosflingor**
knappt 3 dl **extra fint vetemjöl**
1 tsk **bakpulver**
2 ¼ dl **råströsocker**
3 stora, lätt vispade **ägg**
175 g smält **smör**
200 g **mjölkchoklad**

Sätt ugnen på 180 °C.

Lägg en tredjedel av kokosen åt sidan och häll resten i en stor skål. Tillsätt mjöl, bakpulver, socker, ägg och smält smör. Blanda väl tills smeten är slät.

Smörj 8 hjärtformade formar, ca 5 cm i diameter, och lägg bakplåtspapper i botten. Skeda upp smeten i formarna och grädda i 20 minuter tills kakorna höjt sig, testa med en provsticka i mitten, som ska vara torr. Stjälp upp dem på ett galler och låt dem svalna. Lägg gallret över en ugnsplåt.

Smält chokladen över en skål med sjudande vatten (sidan 10). Bred ut chokladen över kakorna med en palettkniv och häll sedan resten av chokladen över kakorna så att den rinner ner längs sidorna.

Strö på den sista kokosen som dekoration och låt chokladen stelna innan kakorna serveras.

Kaka med tranbär, chokladbitar & kokos: smörj en 18 cm stor hjärtformad form och lägg i bakplåtspapper. Blanda 75 g vardera av torkade tranbär och mjölkchokladbitar samt 2 matskedar tranbärsjuice i de övriga ingredienserna till kakan och fortsätt enligt receptet ovan. Dekorera genom att strö 25 g torkade tranbär över chokladen och kokosen.

chokladkakor med färska bär

12 stycken
Förberedelser **20 minuter**, plus tid att svalna
Tillagningstid **15 minuter**

125 g **smör**
1 ¾ dl **ljust muscovadosocker**
2 **ägg**
1 ⅔ dl **grahamsmjöl**
1 tsk **bakpulver**
1 msk **kakao**
2 msk **mjölk**

Glasyr
100 g **röda vinbär**
5 dl **florsocker**
12 små klasar **röda vinbär,** till dekoration

Sätt ugnen på 200 °C.

Rör smör och ljust muscovadosocker i en skål tills blandningen är ljus och pösig. Vispa gradvis i äggen och sikta sedan i mjöl och kakao. Häll över grynen som fastnat i silen. Tillsätt mjölken och vänd försiktigt ihop smeten.

Lägg 12 pappersformar i en muffinsplåt. Fördela smeten mellan formarna och grädda i 15 minuter, tills kakorna höjt sig och är ljust guldgula. Låt dem svalna på ett galler.

Dra de röda vinbären från stjälkarna med en gaffel och lägg dem i matberedaren. Kör till en slät blandning. Tillsätt hälften av florsockret och kör igen. Lägg i resten av florsockret och kör till en slät blandning. Skeda vinbärsglasyren över kakorna och lägg en kvist röda vinbär på varje kaka.

Kakor med vit choklad & hallon: byt kakaon mot 75 g vita chokladbitar. Ersätt de röda vinbären i glasyren med en rågad handfull hallon. Dekorera varje kaka med 3 färska hela hallon.

den perfekta födelsedagstårtan

12 personer
Förberedelser **20 minuter**
Tillagningstid **20–25 minuter**

125 g **smör**
2 ¼ dl **råströsocker**
2 ½ dl **ljust muscovadosocker**
2 **ägg**
3 ½ dl **grahamsmjöl**
1 ½ tsk **bakpulver**
50 g **kakao**
¼ tsk **bikarbonat**
2 ½ dl **naturell yoghurt**

Glasyr
5 dl siktat **florsocker**
2 msk siktad **kakao**
1 msk smält **smör**
3–4 msk **kokande vatten**

Till dekoration
150 g **hyvlad choklad,** av **mjölkchoklad** eller **mörk choklad** (sidan 13)

Sätt ugnen på 180 °C.

Rör smör, råströsocker och ljust muscovadosocker i en skål till en ljus och pösig smet. Tillsätt ett ägg åt gången och vispa väl efter vart och ett. Sikta mjöl, kakao och bikarbonat i smeten och häll sedan i alla gryn som fastnat i silen. Häll i den naturella yoghurten och rör blandningen slät.

Smörj en 28 × 18 cm stor form och lägg bakplåtspapper i botten. Skeda upp smeten i formen och grädda den i 20–25 minuter, tills kakan är precis fast, släpper formens kanter och det går att dra ut en torr provsticka ur kakans mitt. Låt den svalna i formen i 5 minuter, stjälp sedan upp den på ett galler och låt den svalna helt.

Sikta florsocker och kakao i en skål och häll sedan i smält smör och 2 matskedar kokande vatten. Blanda till en slät och bredbar konsistens. Om glasyren är för tjock, tillsätt mycket försiktigt lite mer kokande vatten, droppe för droppe. Bred ut glasyren över kakan med en palettkniv doppad i varmt vatten. Svep ett band runt kakans sidor och knyt en rosett. Avsluta med hyvlad choklad och födelsedagsljus.

Personlig tårtdekoration: i stället för hyvlad choklad kan man smälta 75 g vardera av mjölkchoklad och mörk choklad i separata skålar (sidan 10). Skeda i varje chokladsort i två spritspåsar och spritsa enkla former över kakan, t.ex. hjärtan, virvlar, blommor eller bokstäver. Vill man ha större färgkontrast går det även att använda vit choklad.

busenkel mandeltårta

16 personer
Förberedelser **20 minuter**, plus tid att svalna
Tillagningstid **1 ¼ timme**

200 g **mörk choklad**
5 stora **ägg**
1 ⅔ dl **råströsocker**
100 g **mald mandel**
1 msk **kaffelikör**
kakao, att pudra med
200 g färska **hallon**

Sätt ugnen på 160 °C.

Smält chokladen över en skål med sjudande vatten (sidan 10).

Separera alla ägg utom ett. Spara vitorna. Vispa det hela ägget, äggulor och socker i en skål tills smeten är tjock och ljus och vispen lämnar spår efter sig.

Vispa sakta i den smälta chokladen och tillsätt sedan mandeln. Diska och torka vispen mycket noga, och vispa äggvitorna styva. Vispa ner en fjärdedel av äggvitorna i chokladsmeten för att lösa upp den och vänd sedan ner resten.

Smörj en rund kakform, 12 cm i diameter och 8 cm hög. Lägg i bakplåtspapper och var noga med att det sticker upp ca 7 cm över formen. Häll smeten i formen och grädda i 1–1 ¼ timme eller tills det går att dra en torr provsticka ur kakans mitt.

Nagga kakan medan den ännu är varm och droppa kaffelikör över. Låt kakan svalna i formen i 30 minuter. Vid serveringen, placera kakan på ett tårtfat, pudra med kakao, lägg på en handfull hallon och knyt ett brett band runt den.

Chokladbakelser med macadamianötter: tillsätt 50 g hackade macadamianötter tillsammans med den malda mandeln. Grädda enligt ovan i en 1 liters avlång form klädd med bakplåtspapper. Droppa 1 matsked sherry över kakan i stället för kaffelikören och servera den skuren i bitar.

sachertårta

16 personer
Förberedelser **50 minuter**, plus tid att svalna
Tillagningstid **1 ¼ timme**

225 g **mörk choklad**
175 g **smör**
2 ½ dl **råströsocker**
5 lätt vispade **ägg**
drygt 2 dl siktat **grahamsmjöl**
1 tsk **bakpulver**
3 msk **kakao**
4 msk **rom**
8 **ljusa chokladknappar**, till dekoration

Ganache
175 g **mörk choklad**
75 g **smör**
4 msk varm **vispgrädde**

Sätt ugnen på 190 °C.

Smält chokladen i en skål över en kastrull med sjudande vatten (sidan 10).

Rör smör och socker ljust och luftigt. Vispa gradvis i äggen, sikta i lite mjöl och kakao efter halva visptiden. Vänd ner resten av mjölet och kakaon. Häll på den smälta chokladen och tillsätt 2 matskedar rom. Blanda.

Smörj en 20 cm springform. Häll smeten i formen och grädda den i 30 minuter. Täck sedan över kakan med folie och grädda den i ytterligare 15 minuter. Kakan är färdig när man kan sticka in en provsticka i mitten och dra ut den torr.

Låt kakan svalna i formen i 30 minuter. Stjälp upp den på ett galler, ställt över en ugnsplåt, där den får svalna färdigt. Droppa 2 msk rom över kakan.

Smält chokladen till ganachen. Rör i smör och grädde och häll blandningen över kakan. Jämna ut den med en palettkniv. Dekorera kakans ovansida med chokladknapparna.

Mandelsachertårta: vänd ner 125 g fryst och riven marsipan tillsammans med mjölet och kakaon enligt receptet ovan. Ersätt rom med 4 matskedar Amaretto di Saronno och fortsätt sedan enligt receptet.

hela överraskningsägg i choklad

2 stycken
Förberedelser **15 minuter**, plus tid att torka och kallna
Tillagningstid **10 minuter**

2 stora **ägg**
100 g **vit choklad**
100 g **mjölkchoklad**
2 tsk **dulce de leche** (kolasås)

Stick ett metallspett i den spetsiga ovansidan av varje ägg så att det blir ett hål och pilla bort lite skal så att hålet blir 1 cm i diameter. Häll ut innehållet i en skål (använd äggen till något annat recept). Skölj skalet under rinnande kallt vatten och vänd sedan upp det och låt det torka i 20 minuter, eller torka äggets insida med en hårtork på låg hastighet.

Smält den vita chokladen och mjölkchokladen i separata skålar över kastruller med sjudande vatten (sidan 10). Ställ äggen i äggkoppar med hålet uppåt. Häll försiktigt hälften av den smälta vita chokladen i varje ägg. Ställ äggen kallt i 30 minuter.

Spritsa eller skeda kolasåsen i äggen. Fyll varje ägg med hälften av den smälta mjölkchokladen och ställ dem kallt i 2 timmar, tills chokladen är riktigt fast.

Knacka försiktigt på äggskalet så att det spricker och dra försiktigt bort det. Försök att inte fingra för mycket på chokladen. Ställ äggen i äggkoppar. När man ska äta äggen håller man en dessertkniv eller sked under varmt vatten, torkar av den och skivar sedan chokladen med det varma besticket.

påsktårta

12 personer
Förberedelser **50 minuter**, plus tid att svalna och kallna
Tillagningstid **25–30 minuter**

1 ¼ dl **extra fint vetemjöl**
½ tsk **bakpulver**
40 g **kakao**
125 g **smör**
1 ½ dl **strösocker**
2 **ägg**
4 msk **apelsinlikör** eller **apelsinjuice**
75 g **mörk choklad**

Fyllning
2 tsk **gelatinpulver**
2 msk **kallt vatten**
3 **äggulor**
drygt ½ dl **strösocker**
1 tsk **majsmjöl**
3 dl **mjölk**
200 g **mörk choklad**, bruten i bitar
3 dl **vispgrädde**

Till dekoration
2 **smuliga chokladkakor**, brutna i flisor
minichokladägg

Sätt ugnen på 180 °C. Sikta mjöl, bakpulver och kakao i en skål. Tillsätt smör, socker och ägg och vispa smeten slät.

Smörj en stor spring- eller kakform och lägg bakplåtspapper i botten. Häll upp smeten i formen och grädda i 20–25 minuter, tills kakan är precis fast. Låt den svalna på ett galler. Lägg över den på ett fat och ringla likör eller juice över den.

Klipp ut en remsa bakplåtspapper som är 1 cm längre än sockerkakans omkrets och 6 cm brett. Smält chokladen (sidan 10) och bred ut den längs papperet, ända ut till kanten på en långsida och i en lätt böljande linje längs den andra, ungefär 1,5 cm från kanten. Lämna 1 cm utan choklad i ena änden. Ställ kakan åt sidan i 15 minuter och lyft sedan papperet och lägg det runt kakan så att den raka kanten vilar mot fatet och ändarna möts. Ställ den kallt.

Strö gelatin över vattnet och låt det mjukna. Vispa äggulorna i en skål med socker, majsmjöl och lite mjölk. Koka upp resten av mjölken. Häll den över äggsmeten medan du vispar. Häll tillbaka smeten i kastrullen och sjud försiktigt tills den tjocknat.

Lyft bort kastrullen från plattan och rör i gelatinet så att det löses upp. Tillsätt 200 g choklad och låt den ligga tills den har smält. Rör smeten slät och låt den kallna tills den tjocknar.

Vispa grädden tjock och vänd ner i chokladsmeten. Lägg den ovanpå sockerkakan och jämna till ytan. Ställ kakan kallt i 1–2 timmar, tills den stelnat. Ta bort pappersremsan. Lägg chokladflisorna ovanpå tårtan somr ett rede, med miniäggen i mitten. Ställ tårtan kallt till den ska serveras.

bûche de noël

10 personer
Förberedelser **40 minuter**, plus avsvalning
Tillagningstid **20 minuter**

3 **ägg**
1 dl **råströsocker**, plus extra att strö över
knappt 1 dl siktat **vetemjöl**
25 g siktad **kakao**

Fyllning
1 ½ dl **vispgrädde**
150 g konserverad **söt kastanjepuré**

Chokladgrädde
1 ½ dl **vispgrädde**
200 g **mörk choklad**, bruten i bitar

Till dekoration
3 **smuliga chokladkakor**
florsocker, att pudra med

Sätt ugnen på 180 °C.

Vispa ägg och socker i en skål över en kastrull med varmt vatten tills vispen lämnar spår i smeten. Vänd ner mjöl och kakao så att allt blir nätt och jämnt blandat. Bred ut smeten i formen.

Smörj en stor ugnsform och lägg i bakplåtspapper. Grädda i ca 15 minuter, tills kakan är precis fast. Strö socker på ett bakplåtspapper och stjälp upp kakan på det. Dra bort papperet i formen, rulla samman kakan på det nya papperet och låt den svalna.

Vispa grädden tjock och vänd i kastanjepurén. Rulla ut kakan och bred ut kastanjegrädden över ovansidan. Rulla ihop kakan igen.

Värm grädden i en liten kastrull tills den nästan kokar. Dra bort kastrullen och blanda i chokladen. Låt blandningen stå tills chokladen har smält och rör den slät. Låt den svalna.

Lägg kakan på ett fat med skarven i botten. Vispa chokladgrädden lätt så att den tjocknar lite och bred ut den över kakan. Lämna ändarna utan grädde. Skär de smuliga chokladkakorna i långa bitar. Tryck fast dem i chokladgrädden som dekoration och fyll i mellanrummen med mindre bitar. Pudra rikligt med florsocker.

Rulltårta med konjaksfyllning: byt ut fyllningen mot 125 g konjakskräm, smör blandat med florsocker och konjak och 1 ½ dl crème fraiche. Pudra med kakao i stället för florsocker. Servera med en sås på 2 teskedar arrowrot blandad med 1 matsked kallt vatten och 1 ½ dl varm glögg. Värm såsen tills den är tjock och klar.

himmelsk jultårta

20 personer
Förberedelser **1 timme**, plus blötläggning av frukt och avsvalning
Tillagningstid **1 timme och 45 minuter**

250 g **torkad frukt**
2 dl **sherry**
250 g **smör**
drygt 1 ½ dl **sirap**
3 **ägg**
3 ½ dl **grahamsmjöl**
1 ½ tsk **bakpulver**
50 g **kakao**
2 msk **mixed spice** (kryddblandning med kanel, muskot och kryddpeppar)
4 bitar hackad inlagd **ingefära**
100 g hackad **vit choklad**

Till dekoration
150 g **smör**
2 ½ dl **florsocker**
150 g **cream cheese**
1 msk **konjak**
125 g **torkade tranbär**

Lägg den torkade frukten i sherryn i en steriliserad burk (sidan 11), skruva på ett tätslutande lock och låt blandningen stå och dra i minst 1 timme och upp till 1 vecka.

Sätt ugnen på 180 °C. Rör smör och socker luftigt. Tillsätt gradvis äggen och sikta sedan i mjöl, kakao, mixed spice och ingefära.

Kör hälften av frukten i burken till en slät blandning i matberedaren. Blanda den i kaksmeten tillsammans med resten av frukten och den alkoholhaltiga vätskan. Lägg i den vita chokladen och vänd ihop alla ingredienserna.

Smörj en liten rund kakform och lägg i bakplåtspapper. Fördela smeten i formen och grädda i 1 ½ timme, testa med en provsticka, som ska vara torr. Låt kakan svalna i formen. Lägg den på ett fat eller en skärbräda och dra bort bakplåtspapperet.

Kör smör, socker, cream cheese och konjak till en slät blandning i matberedaren och bred över kakan. Avsluta med att dekorera med torkade tranbär och knyta ett stort band runt sidorna.

Klassisk dekoration med marsipan & florsocker: i stället för konjaksglasyr, pensla den avsvalnade kakans ovansida och sidor med 4 matskedar aprikosglasyr. Kavla ut 500 g marsipan till en 25 cm stor cirkel, lägg den över kakan, tryck fast den och skär bort överflödig marsipan. Blanda 3 äggvitor i en stor skål och vispa i 8⅓ dl siktat florsocker till en styv bladning. Tillsätt 1 tesked glycerol. Bred ut glasyren över kakan med en palettkniv. Låt den stelna och dekorera sedan med tranbär.

barnens favoriter

chokladpålägg med hasselnötter

Blir **500 g**
Förberedelser **10 minuter**, plus avsvalning
Tillagningstid **5 minuter**

375 g **mjölkchoklad**
125 g **hasselnötter**
2 msk **vegetabilisk olja**
2 msk **råströsocker**
1 msk **kakao**
½ tsk **vaniljextrakt**

Sterilisera en stor glasburk (sidan 11). Smält chokladen i en skål ställd över en kastrull med sjudande vatten (sidan 10).

Mal hasselnötterna till en pasta i matberedaren. Tillsätt olja, socker, kakao och vaniljextrakt och kör tills ingredienserna är riktigt blandade.

Häll i den smälta chokladen och kör tills blandningen är mycket slät, varm och rinnig. Häll upp den i en steriliserad burk och sätt på locket. Låt blandningen svalna lite innan den används. Den håller sig i upp till 1 månad under lock och i rumstemperatur.

Chokladpålägg med mjölkchoklad och vit choklad: smält mjölkchoklad enligt ovan och finhacka sedan 125 g vit choklad i matberedaren. Uteslut hasselnötterna och fortsätt enligt ovan: tillsätt olja, strösocker, kakao och vaniljextrakt i matberedaren, sedan den smälta mjölkchokladen.

mördegskaka med choklad & kola

20 stycken
Förberedelser **25 minuter**, plus tid att svalna och stelna
Tillagningstid **40 minuter**

3 ⅓ dl **vetemjöl**
50 g **kakao**
¾ dl **råströsocker**
175 g **smör**
200 g **vit choklad**

Kola
750 g **kondenserad mjölk**
1 ½ dl **ljust muscovadosocker**
100 g **smör**

Sätt ugnen på 180 °C.

Kör mjöl, kakao, socker och smör i matberedaren till en smulig blandning och kör sedan i korta stötar tills degen bildar en boll. Stjälp upp degen på en lätt mjölad arbetsbänk och knåda den slät.

Smörj en 30 x 20 cm stor ugnsform och lägg i bakplåtspapper. Tryck ut degen i formen och grädda den i 20 minuter, tills den ger efter lite för ett mjukt tryck och har en fast yta.

Värm kondenserad mjölk, socker och smör i en kastrull med non-stickbeläggning. Rör oavbrutet i ca 15 minuter eller tills blandningen är tjock och liknar en kolasmet. Häll den över chokladkakan, jämna till ytan och låt den svalna.

Smält den vita chokladen i en skål ställd över en kastrull med sjudande vatten (sidan 10). Häll chokladen över kolatäcket. Låt den stelna i rumstemperatur och skär sedan upp kakan i 20 rutor.

Mördegskaka med mörk choklad: uteslut kolaingredienserna och gör degen med drygt 2 dl vetemjöl, 75 g malt ris, 50 g kakao, drygt 1 dl ljust muscovadosocker och 175 g smör. Tryck ner blandningen i en smord rund form cirka 20 cm. Markera ut 8 tårtbitar och dekorera ändarna med en gaffel. Grädda enligt receptet ovan. Pudra med råströsocker och servera.

pannkakor med choklad & apelsin

4 personer
Förberedelser **5 minuter**
Tillagningstid **10 minuter**

1 ⅔ dl siktat **vetemjöl**
1 msk **kakao**
1 **ägg**
3 dl **mjölk**
solrosolja, att steka i
1 hackad **honungskaka överdragen med choklad**
75 g **smör**
¾ dl **råströsocker**
finhackat **skal** av 1 **apelsin**
4 msk **apelsinjuice**

Häll mjöl, kakao, ägg och mjölk i matberedaren och kör till en slät smet. Häll över den i en tillbringare och hetta up olja i en 23 cm stor nonstick-stekpanna. Lägg 1 dl smet i pannan och virvla runt den så att botten blir täckt.

Grädda pannkakan i 1–2 minuter så att den blir ljust guldgul på undersidan. Vänd den sedan och grädda andra sidan. Låt den glida över på ett fat och gör ytterligare 3 pannkakor av smeten. Lägg bakplåtspapper mellan de fyra pannkakorna i takt med att du travar dem på fatet.

Lägg några bitar chokladkola med honungssmak mitt på varje pannkaka och vik in alla 4 sidorna till en rektangel.

Smält smör och socker i stekpannan och när sockret har lösts upp tillsätter man apelsinskal och -juice och låter pannkakorna glida ner i såsen. Värm dem i 3 minuter. Servera pannkakorna indränkta med apelsinsås.

Pannkakor med choklad & glass: tillaga pannkakorna enligt receptet men fyll var och en med en klick kolaglass i stället för chokladbitar. Uteslut apelsinsåsen och värm i stället 2 stora hackade chokladkolakakor mycket försiktigt i en liten, tjockbottnad kastrull. Låt bitarna smälta, rör rejält, häll dem över pannkakorna och servera med detsamma.

chokladmuffins

12 stycken
Förberedelser **15 minuter**
Tillagningstid **25 minuter**

6 ¼ dl **extra fint vetemjöl**
25 g **kakao**
2⅔ dl **råströsocker**
2 stora **ägg**
1 ½ dl **solrosolja**
1 ½ d **mjölk**
1 tsk **vaniljextrakt**
12 tsk **nutella** eller hemgjort **chokladpålägg med hasselnötter** (sidan 128)

Sätt ugnen på 190 °C.

Sikta mjöl och kakao i en skål, tillsätt sockret och blanda.

Blanda ägg, solrosolja, mjölk och vaniljextrakt i en tillbringare med en gaffel. Häll de blöta ingredienserna över de torra och rör några gånger så att de blir precis blandade.

Lägg pappersformar i en muffinsplåt med 12 fördjupningar. Fyll formarna till hälften med muffinssmeten och lägg 1 tesked chokladpålägg i varje form. Fyll sedan på med resten av smeten.

Grädda i 25 minuter, tills muffinsen rest sig rejält och och ger efter för ett lätt tryck.

Doughnutmuffins med apelsin & choklad: byt ut kakaon mot ½ dl majsmjöl. Uteslut vaniljextraktet och tillsätt finrivet skal av 1 apelsin och 1 matsked druvjuice. Fortsätt sedan enligt receptet. När muffinsen är gräddade, pensla ovansidorna med 25 g smält smör och pudra med farinsocker.

riskransar med choklad

10 stycken
Förberedelser **10 minuter**
Tillagningstid **5 minuter**

150 g **sega kolor**
2 msk **kakao**
50 g **smör**
200 g **marshmallows**
175 g **puffat ris**

Lägg de sega kolorna, kakao och smör i en stor mikrovågstålig skål. Mikra på hög effekt i 3 minuter. Ta försiktigt ut skålen ur mikrovågsugnen – använd grytvantar. Det går också bra att smälta kolorna med kakao och smör i en kastrull på låg värme. Rör blandningen med en träsked och häll sedan i marshmallowsen (nu behövs inte mer omrörning).

Mikra på hög effekt eller ställ tillbaka kastrullen på plattan i 1 minut. Rör sedan snabbt så att ingredienserna blandas. Tillsätt en tredjedel av rispuffarna och blanda dem med kolasmeten. Blanda i resten av flingorna i 2 omgångar och rör rejält efter varje gång.

Smörj en 10 cm stor ringform. Ta en handfull kaksmet och tryck ner den i formen till en ring. Tryck bestämt med handloven, vrid sedan smeten uppåt, ut ur formen. Lägg den på ett ark bakplåtspapper. Fortsätt på samma sätt med resten av smeten så att du får sammanlagt 10 ringar. Dekorera med vita rosetter som trycks fast i smeten (valfritt). Låt ringarna stelna innan de serveras.

Riskakor med vit choklad: uteslut kakaon och blanda resten av ingredienserna enligt receptet. Skeda upp smeten i en 17 × 28 cm stor form. Smält 100 g vit choklad (sidan 10) och häll över smeten. Låt riskakorna stelna, skär dem i bitar och servera.

banan- & chokladring

12 personer
Förberedelser **20 minuter**, plus tid att svalna
Tillagningstid **1 timme**

200 g **mörk choklad**
175 g **smör**
knappt 4 ¼ dl siktat **extra fint vetemjöl**
1 tsk **bakpulver**
drygt 2 dl **ljust muscovadosocker**
finrivet skal av 1 **citron**
3 **ägg**
150 g **vit choklad**, bruten i bitar
3 små mosade **bananer**
200 g grovt hackad **vit choklad**
125 g **vit chokladpellets**

Sätt ugnen på180 °C.

Smält chokladen med 25 g smör i en skål ställd över en kastrull med sjudande vatten (sidan 10).

Skär resten av smöret i små tärningar, blanda dem med mjöl och bakpulver i matberedaren och kör till smulor. Tillsätt socker, citronskal, ägg, vit choklad och bananer. Blanda väl.

Smörj en 1,8 liters ringform. Täck botten och sidor med bakplåtspapper. Skeda en fjärdedel av kaksmeten över botten och ringla sedan på en tredjedel av chokladen. Fortsätt med lager av kaksmet och choklad. Avsluta med kaksmet.

Grädda i 50–60 minuter, tills kakan känns fast när du trycker lätt på den. Låt den ligga kvar i formen i 10 minuter. Lossa sedan kanterna med en kniv, stjälp upp den på ett galler och låt den svalna.

Smält den vita chokladen i en skål ställd över ett vattenbad. Ringla den över kakan. Dekorera med vita chokladbitar.

Banan-, choklad- & pekanring: byt den vita chokladen i kakan mot 150 g mjölkchoklad, och citronskalet mot 50 g finhackade pekannötter. Toppa med en ganache i stället för vit choklad: koka upp 1½ dl vispgrädde i en liten kastrull, lyft av den från värmen och tillsätt 200 g mörk choklad, bruten i bitar. Rör så att chokladen smälter och såsen blir tjock och slät. Häll ganachen över kakan och dekorera med halva pekannötter.

minimuffins med vit choklad & kokos

24 stycken
Förberedelser **15 minuter**
Tillagningstid **8 minuter**

2 ½ dl **extra fint vetemjöl**
½ tsk **bikarbonat**
knappt 1 dl **råströsocker**
50 g **kokosflingor**
50 g **vit chokladpellets**
1 ½ dl **vaniljyoghurt**
1 **ägg**
4 msk **solrosolja**

Till dekoration
3 msk **jordgubbssylt**
3 msk **kokosflingor**

Sätt ugnen på 190 °C.

Sikta mjöl och bikarbonat i en skål. Tillsätt socker, kokos och chokladpellets.

Blanda yoghurt, ägg och solrosolja i en tillbringare. Arbeta med en gaffel. Häll de blöta ingredienserna över de torra och blanda försiktigt.

Lägg pappersformar i 24 minimuffinsformar. Skeda smeten i muffinsformarna och grädda i 6–8 minuter, tills kakorna höjt sig rejält och är fasta.

Pensla på jordgubbssylt medan muffinsen är varma och strö kokos över dem.

Snöklädda minimuffins: dekorera muffinsen med 100 g smält vit choklad som skedas över de avsvalnade kakorna. Uteslut kokosflingorna och strö i stället på 3 matskedar vit chokladkross.

chokladmuffins med körsbär

12 stycken
Förberedelser **15 minuter**, plus tid att svalna
Tillagningstid **25 minuter**

175 g **smör**
150 g **mald mandel**
1 ¾ dl **strösocker**
drygt ½ dl **vetemjöl**
4 äggvitor
100 g grovt riven **mörk choklad**
425 g urkärnade b**igarråer** eller andra **körsbär**
florsocker, att pudra med

Sätt ugnen på 200 °C.

Smält smöret och låt det svalna lite.

Blanda mandel, socker och mjöl i en skål. Tillsätt äggvitor, smält smör och choklad och rör så att alltsammans blir jämnt blandat.

Smörj en muffinsplåt med 12 fördjupningar. Skeda muffinssmeten i hålen och lägg 3 körsbär på varje kaka.

Grädda i varm ugn i ca 20 minuter, tills kakorna höjt sig, är guldgula och precis fasta i mitten. Låt dem stå kvar i formen i 10 minuter och flytta sedan över dem på ett galler för att svalna.

Pudra dem lätt med florsocker och servera.

Chokladmuffins med valnötter & päron: byt mald mandel mot 150 g valnötter som finmalts i matberedaren. Skiva 425 g konserverade päron fint och lägg skivorna över kakorna i stället för körsbär. Grädda som i receptet ovan.

födelsedagsglasstårta

12 personer
Förberedelser **20 minuter**, plus infrysning

1½ liter **chokladfudge-brownieglass**
½ liter **jordgubbs-cheesecakeglass**
hyvlade spån av mjölkchoklad (sidan 12)

Ta fram glassen ur frysen och låt den mjukna lite. Lägg bakplåtspapper i botten av en 23 cm stor springform. Häll upp två tredjedelar av chokladglassen i formen och bred ut den jämnt med hjälp av en palettkniv.

Bred på jordgubbglassen på samma sätt och avsluta sedan med resten av chokladglassen. Ställ in formen i frysen på plant underlag.

Ta ut glassen ur frysen strax före kalaset och lägg upp den på ett fat. Dekorera med chokladspån. Ställ sedan försiktigt in den i frysen igen och låt den stå där tills den ska ställas fram på bordet. Sätt gärna i några ljus vid serveringen.

Napolitansk födelsedagsglasstårta: varva 5 dl vaniljglass, 5 dl jordgubbscheesecake-yogurtglass och 5 dl chokladfudge brownieglass i formen. Dekorera med chokladspån och 12 hela jordgubbar och frys enligt receptet.

superkakor med choklad & bär

8 stycken
Förberedelser **15 minuter**, plus tid att kallna
Tillagningstid **15 minuter**

125 g **smör**
1 ¾ dl **ljust muscovadosocker**
2 lätt vispade **ägg**
2 tsk **vaniljextrakt**
3 ¾ dl **grahamsmjöl**
1 ½ tsk **bakpulver**
25 g **kakao**
75 g **torkade tranbär**
100 g grovt hackad **vit choklad**
100 g grovt hackad **mjölkchoklad**
8 **valnöts-** eller **pekannötshalvor**

Sätt ugnen på 180 °C.

Blanda smör och socker i en skål med en träsked tills blandningen är ljus och luftig. Vispa gradvis i ägg och vaniljextrakt.

Sikta i mjöl och kakao och tillsätt tranbär och choklad. Blanda degen med händerna. Knåda den lätt och svep sedan in den i plastfolie och lägg den kallt i minst 30 minuter.

Lägg bakplåtspapper på 2 ugnsplåtar. Rulla degen till 8 bollar och lägg dem på plåten med gott om plats mellan. Platta till dem med handen och lägg en valnöts- eller pekannötshalva på var och en.

Grädda i 15 minuter eller tills kakorna är precis fasta. Låt dem ligga kvar på plåten i 5 minuter så att de blir lite fastare och servera dem varma. Det går också bra att låta dem svalna på ett galler och sedan förvara dem i en lufttät burk.

Chokladkakor med vanilj & blåbär: vispa smör, socker, ägg och vaniljextrakt enligt receptet och sikta sedan i 4½ dl grahamsmjöl, 2 teskedar bakpulver och 75 g torkade blåbär. Samla degen och lägg den kallt innan den formas och gräddas enligt ovan. Hoppa över valnötter eller pekannötter till dekoration.

choklad- och cornflakeskakor

12 stycken
Förberedelser **10 minuter**,
plus tid att kallna
Tillagningstid **3 minuter**

200 g **mjölkchoklad**,
bruten i bitar
2 msk **sirap**
50 g **bredbar olivolja**
125 g **cornflakes**

Smält chokladen med sirap och olivolja i en skål ställd över en kastrull med sjudande vatten (sidan 10).

Tillsätt cornflakes och blanda väl.

Smörj en 28 x 18 cm stor form. Stjälp upp smeten i formen, ställ den kallt tills kakan stelnat och skär den sedan i 12 bitar.

Knapriga kakor med müsli & aprikos: ersätt cornflakes med 125 g müsli och 50 g hackade torkade aprikoser. Blanda med chokladsmeten, skeda upp den i 12 pappersformar och ställ dem kallt tills kakorna stelnat.

minichokladmaränger

6 stycken

Förberedelser **15 minuter**

Tillagningstid **1 timme och 15 minuter**

3 **äggvitor**

1 dl **råströsocker**

1 dl **ljust muscovadosocker**

75 g riven **mjölkchoklad**

Sätt ugnen på 140 °C.

Vispa äggvitor styva i en torr och fettfri skål. Vispa ner 1 matsked råströsocker åt gången, och därefter det ljusa muscovadosockret, 1 matsked åt gången. Vänd ner chokladen.

Lägg bakplåtspapper på 2 plåtar och klicka ut skedar av marängsmeten.

Grädda i 1¼ timme. Stäng sedan av ugnsvärmen och låt marängerna stå kvar i ugnen i ytterligare 30 minuter. De här marängerna passar bra till fondue med trippelchoklad (sidan 234).

Minimarängskal med choklad: gör marängsmeten enligt receptet ovan men använd 150 g råströsocker i stället för blandningen av strösocker och muscovadosocker. Vänd ner 75 g riven vit choklad i stället för mjölkchokladen. Platta ut teskedar av smeten till tunna skivor på ugnsplåtar med bakplåtspapper och grädda enligt receptet. Bred på 1 tesked jordgubbssylt, silad grekisk yoghurt och 2 färska persikoskivor och lägg samman dem två och två.

napolitansk virvelglass

8 personer
Förberedelser **20 minuter**, plus tid att svalna och frysa
Tillagningstid **5 minuter**

225 g **hallon**
2 dl **strösocker**
1 ½ dl **vatten**
200 g **mörk choklad**
6 dl **vispgrädde**

Mosa hallonen genom en sil så att de blir till puré. Värm socker och vatten i en kastrull tills sockret löses upp. Koka upp och koka i 2 minuter till en sockerlag. Låt den stå och svalna.

Smält chokladen med 1½ dl grädde i en skål ställd över en kastrull med sjudande vatten (sidan 10). Rör blandningen slät och låt den sedan svalna lite. Vispa resten av grädden fluffig tillsammans med den avsvalnade sockerlagen.

Skeda upp hälften av grädden och sockerlagen i en egen skål och vänd ner hallonpurén. Vänd ner chokladsmeten till hälften i den återstående grädd- och sockerlagsblandningen så att den blir marmorerad.

Varva skedar med hallon- och chokladsmet i en frystålig behållare. Arbeta med en stor metallsked och vänd samman blandningarna 2 eller 3 gånger tills de är lätt blandade. Frys över natten så att glassen blir fast.

Flytta glassen till kylskåpet ca 30 minuter före serveringen. Servera glassen i kulor i skålar.

Yoghurtglass med jordgubbssmak: mixa 225 g jordgubbar till en slät puré. Smält chokladen tillsammans med 1½ dl vispgrädde och vänd ner den i 3 dl grekisk yoghurt. Varva skedar av jordgubbspuré och chokladyoghurt, vänd ihop och frys enligt receptet.

chokladbrownies med nötter

15 stycken
Förberedelser **10 minuter**, plus tid att svalna
Tillagningstid **30 minuter**

75 g **mörk choklad**
100 g **smör**
drygt 2 ¾ dl **farinsocker**
2 vispade **ägg**
några droppar **vaniljextrakt**
50 g **mald mandel**
½ dl **majsmjöl** eller **polenta**
150 g rostade och grovhackade **blandade nötter**
glass, till serveringen (valfritt)

Sätt ugnen på 180 °C.

Smält choklad och smör i en skål ställd över en kastrull med sjudande vatten (sidan 10).

Rör ner de övriga ingredienserna och blanda väl.

Smörj en 28 × 18 cm stor bakform och lägg i bakplåtspapper. Häll över smeten i formen och grädda i i 30 minuter tills kakan är lätt fjädrande i mitten.

Ta ut ur ugnen och låt kakan stå kvar och svalna i formen i 10 minuter. Skär den sedan i 15 rutor. Servera gärna med glass.

Kaffesås: såsen kan serveras till kakorna. Värm 3 dl vardera av mjölk och grädde, rör i 25 g snabbkaffepulver och koka upp. Vispa 4 äggulor och drygt 1 dl råströsocker i en skål till en tjock och krämig smet. Häll sakta i den varma mjölken under kontinuerlig vispning. Häll tillbaka såsen i kastrullen och rör den sakta på låg värme tills den tjocknar och täcker baksidan av en sked. Sila och servera den varm eller kall.

praliner & presenter

likörtryfflar

12 stycken
Förberedelser **50 minuter,** plus tid att kallna
Tillagningstid **2 minuter**

200 g **mörk choklad**
1 ½ dl **vispgrädde**
25 g **smör**
1 msk **gräddlikör**
1 msk **kaffelikör**
12 **chokladöverdragna kaffebönor**
300 g **mjölkchoklad**

Smält den mörka chokladen i en skål ställd över ett vattenbad (sidan 10). Värm grädden till kokpunkten och lyft sedan av från värmen. Lägg smöret i den smälta chokladen och blanda. Rör därefter i grädden.

Fördela chokladen i 2 rektangulära behållare med lock. Häll gräddlikören i den ena behållaren och kaffelikören i den andra och blanda väl. Ställ dem kallt i minst två timmar tills blandningarna stelnat.

Använd en melonsked eller 2 teskedar och ta ur 6 gräddlikörtryfflar och ställ dem på bakplåtspapper på en bakplåt. Gör likadant med kaffelikörtryfflarna.

Smält mjölkchokladen i en skål ställd över en kastrull med sjudande vatten. Rör ordentligt och ta 1 tryffel åt gången på en gaffel, håll den över skålen och skeda smält choklad över ovansidan så att den täcks. Lägg varje tryffel på en bit bakplåtspapper på en ugnsplåt. Tryck fast en chokladkaffeböna i varje tryffel.

Låt tryfflarna stå i minst 1 timme, tills chokladlagret stelnat. Lägg dem i petit four-formar och packa dem i en presentask eller form.

Vita chokladlikörtryfflar: byt den mörka chokladen mot 200 g vit choklad till tryfflarna. Smält 200 g vit chokladglasyr med 100 g vita chokladrutor i en skål ställd över en kastrull med sjudande vatten och täck tryfflarna enligt receptet ovan.

dubbla chokladtryfflar

24 stycken
Förberedelser **45 minuter**, plus tid att kallna
Tillagningstid **8 minuter**

2 ½ dl **vispgrädde**
200 g **mörk choklad**
3–4 msk **konjak** eller **rom**
2 msk siktad **kakao**
200 g **mörk choklad**
kristalliserade violer

Häll grädden i en liten kastrull och låt den koka upp. Lyft bort kastrullen från plattan och bryt ner 200 g mörk choklad. Låt den stå tills chokladen har smält och häll sedan i konjak eller rom och rör blandningen slät. Ställ den kallt i 4 timmar så att tryffelsmeten stelnar.

Lägg bakplåtspapper på en ugnsplåt och pudra det med kakao. Skeda lite tryffelsmet på en tesked, lägg tillbaka den i en andra sked och sedan tillbaka i den första skeden igen så att smeten blir ett väl rundat chokladägg (eller använd en melonsked). Låt tryffeln glida ner på det kakaopudrade bakplåtspapperet. Fortsätt tills all smet är använd. Ställ tryfflarna kallt igen i 2 timmar eller över natten om möjligt, så att de blir riktigt fasta.

Smält 200 g mörk choklad i en skål ställd över en kastrull med sjudande vatten (sidan 10). Rör ordentligt och håll en tryffel åt gången på en gaffel över skålen med smält choklad och skeda choklad över ytan så att den täcks. Lägg tryfflarna på en bit bakplåtspapper. Ringla lite choklad över ytan på varje tryffel med en sked och avsluta med en kristalliserad viol.

Ställ tryfflarna kallt i minst en timme och lägg dem i petit four-formar i en presentask eller form klädd med silkespapper.

Blandade tryfflar med mintsmak: blanda 3–4 matskedar mintlikör i chokladtryffelsmeten i stället för konjak eller rom. Täck tryfflarna enligt receptet ovan med 200 g smält mjölkchoklad i stället för mörk choklad.

fudge med kakor & grädde

36 bitar
Förberedelser **10 minuter**, plus tid att svalna och kallna
Tillagningstid **15 minuter**

125 g **smör**
2 dl **kondenserad mjölk**
5 dl **råströsocker**
½ dl **vatten**
2 tsk **vaniljextrakt**
75 g hackad **mörk choklad**
1 tsk **vegetabilisk olja**
8 hackade **oreokakor** eller brittiska **bourbonkex**

Värm sakta smör, kondenserad mjölk, strösocker, vaniljextrakt och uppmätt vatten i en tjockbottnad kastrull under omrörning tills sockret har löst upp.

Koka blandningen i 10 minuter under oavbruten omrörning (prova om den är färdig genom att försiktigt droppa ½ tesked smet i lite kallvatten – den ska bilda en mjuk boll). Häll snabbt hälften av fudgesmeten i en värmefast tillbringare. Lägg chokladen i kastrullen och rör så att den smälter.

Smörj en 1 liters avlång form med vegetabilisk olja. Häll hälften av chokladfudgesmeten i formens botten och strö sedan över hälften av kakorna. Häll vaniljfudgen över och strö ut resten av kakbitarna. Avsluta med ett sista lager chokladfudgesmet. Låt fudgen svalna, täck över med plastfolie och ställ den kallt över natten.

Stjälp upp fudgen på en skärbräda och skär den i bitar.

Apelsinchokladfudge: gör i ordning fudgesmeten enligt receptet ovan och rör ner 75 g mörk choklad med apelsinsmak, en nypa mald kanel och lite riven muskot i stället för vanlig mörk choklad. Uteslut oreokakorna eller bourbonkexen och strö i stället ut hackade apelsinchokladkex över det nedersta fudgelagret.

rocky road-praliner

28 stycken
Förberedelser **40 minuter**, plus tid att svalna, kallna och stelna
Tillagningstid **10 minuter**

150 g blandade **hela nötter** (**cashewnötter**, **hasselnötter, pistaschnötter**)
300 g **mörk choklad**
15 g **smör**
2 msk **florsocker**
2 msk **vispgrädde**

Rosta nötterna på en bit ugnsfolie på en bakplåt under en ugnsgrillen i 3–4 minuter så att de blir gyllene. Låt nötterna svalna och grovhacka dem sedan.

Smält 75 g choklad i en skål ställd över en kastrull med sjudande vatten (sidan 10). Rör ner smör, socker och grädde i den smälta chokladen till en slät och blank blandning. Tillsätt alla nötter utom 2 matskedar. Droppa rågade teskedar av smeten på en plåt med bakplåtspapper. Ställ plåten kallt i 2–3 timmar så att nötsmeten stelnar.

Smält resten av chokladen. Täck nötsmeten med smält choklad genom att hålla ett bit åt gången på en gaffel och skeda chokladen över med en tesked. Låt den överflödiga chokladen droppa av och lägg sedan tillbaka nötbitarna på bakplåtspapperet.

Ställ pralinerna svalt och låt dem stelna i minst 1 timme. Strö de sparade nötterna över, lägg dem i ischokladformar och servera.

Vita chokladpraliner: rosta bara 125 g blandade hela nötter. Smält 75 g vit choklad och rör ner smör, florsocker, grädde och rostade nötter enligt receptet. Droppa rågade skedar av smeten på en plåt, ställ den kallt och pudra nötbitarna med 2 matskedar siktat florsocker vid serveringen.

peppparmintshjärtan i vit choklad

8 stycken
Förberedelser **10 minuter**, plus tid att kallna
Tillagningstid **2 minuter**

200 g **vit choklad**
½ tsk **pepparmintsextrakt**

Smält chokladen i en skål ställd över en kastrull med sjudande vatten (sidan 10) så att den blir mjuk. Tillsätt pepparmintsextraktet och blanda väl.

Skeda chokladen i en mjuk isbricka med hjärtformade hål. Ställ försiktigt in den i kylskåpet och låt den stå där i minst 1 timme.

Lägg ut ett bakplåtspapper på en arbetsyta. Vänd upp och ner på isbrickan och tryck på botten av varje hjärta så att chokladbiten ramlar ut på papperet.

Kryddiga apelsinchokladhjärtan: smält 200 g mjölkchoklad i stället för vit choklad. Uteslut pepparmintsextraktet och rör i stället i ¼ tesked mald mixed spice (kryddblandning med kanel, muskot och kryddpeppar) samt 2 teskedar finrivet apelsinskal. Ställ kallt i en isbricka enligt receptet ovan.

ingefärschoklad med whiskey

12 stycken
Förberedelser **20 minuter**, plus frystid
Tillagningstid **5 minuter**

3 bitar av **inlagd ingefära**, avrunnen
1 msk **whiskey**
200 g **mörk choklad**, smaksatt med apelsin och kryddor

Dela ingefärsbitarna i fjärdedelar och lägg dem i en liten skål tillsammans med whiskeyn.

Smält chokladen i en skål ställd över en kastrull med sjudande vatten (sidan 10). Skeda den smälta chokladen i hålen så att de blir halvfulla. Lägg en bit whiskymarinerad ingefära i varje hål och häll på resten av den smälta chokladen. Ställ tillbaka isbrickan i frysen i 30 minuter.

Stjälp ut chokladen på en bit bakplåtspapper strax före serveringen. Det går också bra att ställa dem kallt i kylskåpet fram till serveringen .

Mintchoklad med konjak: byt ingefärsbitarna mot en handfull myntablad och whiskeyn mot 1 matsked konjak. Lägg ett litet myntablad i botten av varje hål i isbrickan, klipp till storleken om det behövs. Blanda 1 matsked hackad mynta i den smälta chokladen tillsammans med konjaken.

glaserade chokladhjärtan

24 stycken
Förberedelser **30 minuter**, plus tid att kallna och stelna
Tillagningstid **15 minuter**

125 g **smör**
knappt 1 ½ dl **strösocker**
1 **ägg**
knappt 1 dl **rörsockersirap**
drygt 6 ½ dl **extra fint vetemjöl**
2 tsk **mald ingefära**

Till dekoration
200 g **mörk choklad**
200 g **mjölkchoklad**
12 **vita chokladknappar**

Sätt ugnen på 180 °C.

Vispa smör och socker ljust och krämigt. Blanda i ägg och sirap. Sikta mjöl och ingefära i skålen och rör ingredienserna till en fast deg. Knåda den lätt och lägg den kallt i 30 minuter.

Smörj 2 ugnsplåtar. Kavla ut degen till 1 cm tjocklek och tryck ut hjärtan med ett kakmått. Kavla ut degresterna en gång till och tryck ut fler kakor. Grädda i varm ugn i ca 10 minuter så att kakorna höjer sig lite. Lägg över dem på ett galler och låt dem svalna.

Smält den mörka chokladen och mjölkchokladen i separata skålar över kastruller med sjudande vatten (sidan 10). Ta en dessertsked och skeda den mörka chokladen över ungefär hälften av kakorna. Spara lite till dekoration. Lägg en vit chokladknapp mitt på de kakor som täckts med mörk choklad. Täck resten av kakorna med mjölkchokladen, spara lite choklad. Lägg en vit chokladknapp mitt på de täckta kakorna.

Häll den sista smälta mjölkchokladen i en spritspåse med fint munstycke och ringla chokladen över de kakor som täckts med mörk choklad. Dekorera de kakor som täckts med mjölkchoklad med den sista smälta mörka chokladen. Låt chokladen stelna.

Glaserade chokladstjärnor med kanel: byt den malda ingefäran mot 2 teskedar mald kanel. Kavla ut degen som i receptet ovan och tryck ut stjärnor ur den. Dekorera genom att blanda 2 dl florsocker och 2 matskedar vatten, ringla glasyren över kakorna och lägga på en vit chokladknapp.

chokladkyssar

25 stycken
Förberedelser **15 minuter**, plus tid att svalna och kallna
Tillagningstid **15 minuter**

2 **äggvitor**
¼ tsk **vinsten**
drygt 2 ½ dl **strösocker**
4 msk siktad **kakao**
150 g mald mandel
1 tsk **mandelextrakt**
espressokaffe, till serveringen

Fyllning
100 g hackad **mörk choklad**
1 ¼ dl **vispgrädde**

Sätt ugnen på 150 °C.

Vispa äggvitor och vinsten i en torr och fettfri skål tills vitorna är styva och vispa sedan gradvis i sockret, 1 matsked åt gången, tills smeten tjocknar. Vänd ner kakao, mandel och mandelextrakt med en metallsked så att allt blir jämnt blandat.

Skeda över smeten i en spritspåse med ett stort stjärnmunstycke och spritsa 2,5 cm stora rosetter på 2 ugnsplåtar med bakpklåtspapper (det bör bli 40–50 rosetter, beroende på storlek).

Grädda i varm ugn i 15 minuter så att kakorna blir precis stela. Ta ut ur ugnen och låt dem ligga kvar på plåtarna och svalna helt.

Smält chokladen i grädden i en skål ställd över en kastrull med sjudande vatten (sidan 10). Låt smeten svalna och ställ den kallt i 30 minuter. Vispa chokladsmeten tjock och luftig, bred den över kakorna och tryck samman dem till chokladkyssar. Servera med espressokaffe.

Mockakyssar med lemon curd: byt 2 matskedar med kakao mot 2 matskedar malt espressokaffe och vänd ner det enligt receptet. Lägg 50 g mandelspån över de spritsade kakorna innan de gräddas enligt receptet. Uteslut chokladgrädden och fyll i stället kakorna med 5 matskedar lemon curd blandad med 1 ½ dl grädde.

minirullar av choklad

6 stycken
Förberedelser **20 minuter**
Tillagningstid **10 minuter**

3 **ägg**
knappt 1 ½ dl **råströsocker**, plus 2 msk att strö över
drygt 1 ½ dl **vetemjöl**
25 g **kakao**
1 msk **varmt vatten**
6 msk **nutella** eller hemgjort **chokladpålägg** (sidan 128)

Sätt ugnen på 220 °C.

Vispa ägg och socker i 10 minuter till en tjock smet. Sikta över mjöl och kakao och vänd försiktigt ner i smeten tillsammans med det varma vattnet.

Smörj en 33 × 23 cm stor ugnsform och lägg i bakplåtspapper. Häll smeten i formen och grädda i varm ugn i 8–10 minuter tills den höjt sig och precis stelnat.

Strö socker över ett bakplåtspapper. Stjälp upp kakan på papperet. Dra försiktigt bort papperet i formen. Skär bort alla frasiga kanter med en vass kniv.

Dela kakan på mitten i 2 långa remsor och skär sedan var och en av remsorna i 3 bitar. När du skär i kakan, skär även av bakplåtspapperet undertill och använd en linjal så att alla strimlorna blir lika breda. Bred 1 matsked smörgåschoklad över varje kakbit. Rulla samman kakbitarna och dra bort bakplåtspapperet.

Minirullar med vanilj & choklad: vispa ägg och socker med 1 tesked vaniljextrakt och vänd sedan ner mjöl, ½ dl majsmjöl (i stället för kakao) och varmt vatten. Grädda, skär rent, fyll med smörgåschoklad och rulla samman kakan enligt receptet. Dekoration: smält 75 g vit choklad i en skål över en kastrull med sjudande vatten och ringla den smälta chokladen över minirullarna.

chokladmuffins

12 stycken
Förberedelser **10 minuter**, plus tid att svalna
Tillagningstid **18–20 minuter**
Dekoration **20 minuter**

150 g **smör** eller **margarin**
1 3/4 dl **strösocker**
knappt 3 dl **extra fint vetemjöl**
3 **ägg**
1 tsk **vaniljextrakt**

Till dekoration
100 g hackad **vit choklad**
100 g hackad **mjölkchoklad**
100 g hackad **mörk choklad**
40 g **smör**
kakao, att pudra med

Sätt ugnen på 180 °C.

Vispa smör eller margarin, socker, mjöl, ägg och vaniljextrakt i en skål till en ljus och krämig smet.

Lägg pappersformar i en muffinsplåt med 12 hål. Fördela kaksmeten jämnt mellan formarna och grädda i varm ugn i 18–20 minuter eller tills kakorna höjt sig och känns fasta. Lägg över dem på ett galler för att svalna.

Smält vit choklad, mjölkchoklad och mörk choklad i 3 olika skålar, var och en med en tredjedel av smöret och ställda över kastruller med sjudande vatten (sidan 10). Bred den smälta vita chokladen över 4 av kakorna och pudra med lite kakao.

Häll 2 matskedar vardera av smält mjölkchoklad och mörk choklad i varsin spritspåse med skriftmunstycke. Bred ut mjölkchokladen över ytterligare 4 kakor och spritsa klickar av mörk choklad över mjölkchokladen. Bred ut mörk choklad över de sista 4 kakorna och ringla mörk choklad ur spritspåsen.

Muffins med trippelchoklad: byt 15 g kakao mot ytterligare 1/4 dl extra fint vetemjöl och 50 g hackad vit choklad. Gör i ordning smeten och grädda den enligt receptet. Toppa de avsvalnade muffinsen med vit chokladkolaglasyr genom att smälta 250 g vit choklad med 1 1/4 dl kaffegrädde och 75 g smör. Låt glasyren svalna och vispa den sedan tjock och luftig innan du spritsar en stor virvel över varje kaka.

chokladcigarrer

16 stycken
Förberedelser **20 minuter**, plus tid att stelna
Tillagningstid **4 minuter för varje omgång**

1 äggvita
drygt ½ dl **strösocker**
2 msk **vetemjöl**
1 msk **kakao**
2 msk **vispgrädde**
25 g smält **smör**
150 g **mörk choklad**

Sätt ugnen på 220 °C.

Vispa äggvita och socker tilsl det är riktigt blandat. Sikta mjöl och kakao i skålen. Rör ner grädde och smör.

Lägg bakplåtspapper över 4 ugnsplåtar. Kakorna ska gräddas i 4 omgångar. Lägg 4 dessertskedar smet på en plåt med gott om utrymme mellan och bred ut smeten lite med baksidan av en sked. Grädda i varm ugn i 4 minuter, tills kakorna brett ut sig och börjar bli mörka i kanterna.

Ta ut dem ur ugnen och låt dem stå i 30 sekunder. Lyft kakorna från bakplåtspapperet med en palettkniv och svep dem runt handtagen på träskedar tills de stelnat. Vrid försiktigt loss kakorna och lägg över dem på ett galler. Grädda ytterligare 3 omgångar.

Smält chokladen i en skål ställd över en kastrull med sjudande vatten (sidan 10) och doppa ena sidan av varje kaka. Låt överflödig choklad rinna tillbaka ner i skålen. Lägg kakorna på ett bakplåtspapper tills chokladen har stelnat.

Vit chokladmousse: servera till exempel till chokladcigarrerna. Smält 200 g vit choklad och 75 g smör i en skål ställd över en kastrull med sjudande vatten. Lyft av skålen och vispa i 3 äggulor, 1 tesked vaniljextrakt och 3 dl vispad grädde. Vispa 3 äggvitor och vänd ner dem i moussen. Ställ den kallt innan den ska serveras.

chokladbiscotti med valnötter

20 stycken
Förberedelser **15 minuter**, plus tid att svalna
Tillagningstid **40 minuter**

200 g **mörk choklad**
25 g **smör**
3 ⅓ dl **extra fint vetemjöl**
1 ½ tsk **bakpulver**
knappt 1 ½ dl **ljust muscovadosocker**
50 g **malda mannagryn** eller **polenta**
finhackat skal av ½ **apelsin**
1 **ägg**
1 tsk **vaniljessens**
100 g hackade **valnötter**
florsocker, att pudra med

Sätt ugnen på 160 °C.

Smält chokladen i en skål ställd över en kastrull med sjudande vatten (sidan 10) och rör sedan i smöret.

Sikta mjöl och bakpulver i en skål. Tillsätt socker, mannagryn eller polenta, apelsinskal, ägg, vaniljessens och valnötter. Rör i smält choklad och smör och blanda till en deg. Om den känns torr går det bra att tillsätta 1 matsked vatten.

Stjälp upp degen på en lätt mjölad arbetsbänk och dela den i två halvor. Forma varje halva till en rulle, ca 28 cm lång. Smörj en ugnsplåt lätt. Lägg båda rullarna på plåten och platta ut dem så att de blir 1,5 cm tjocka.

Grädda i 25 minuter eller tills kakorna rest sig och är fasta. Låt dem svalna och skiva dem sedan diagonalt i 1,5 cm tjocka skorpor. Lägg tillbaka dem på plåten, bred ut dem lite och grädda i ytterligare 10 minuter så att de blir knapriga. Låt dem svalna och pudra med florsocker.

Chokladbiscotti med mandel & paranötter: sikta knappt 4¼ dl vetemjöl och 1½ tesked bakpulver i en skål och vänd ner 25 g kakao, 150 g hackade paranötter, 3 ägg och 2 teskedar vaniljextrakt. Forma degen till 2 långa rullar enligt receptet. När rullarna svalnat och skivats ska kakorna gräddas i ytterligare 15 minuter för att bli knapriga.

vanilj- & kakaokex

18 stycken
Förberedelser **15 minuter**, plus tid att svalna och kallna
Tillagningstid **30 minuter**

125 g **smör**
1 ⅓ dl **råströsocker**
1 tsk **vaniljextrakt**
knappt 3 dl **vetemjöl**
1 msk **kakao**
1 stort **ägg**
1 **äggula**

Glasyr
drygt 2 dl **florsocker**
2 msk **vatten**

Sätt ugnen på 180 °C.

Kör smör, socker och vaniljextrakt i matberedaren. Tillsätt mjöl, kakao, det hela ägget och äggulan. Kör igen till en boll. Knåda degen lätt så att den blir slät. Svep in och lägg den kallt i 30 minuter.

Kavla ut degen mycket tunt mellan två bakplåtspapper. Tryck ut 15 hjärtan med ett kakmått. Kavla ut degresterna igen och tryck ut ytterligare 3 hjärtan. Låt kakorna ligga kvar på bakplåtspapperen och dra sedan över papperen på två ugnsplåtar.

Grädda i 10–12 minuter eller tills kakorna är fasta och guldbruna. Låt dem svalna i 5 minuter och lägg sedan över dem på ett galler och låt dem svalna helt.

Sikta florsockret i en skål, tillsätt 1 matsked kallt vatten, rör och tillsätt ytterligare 1 matsked vatten till en slät konsistens som går att spritsa. Häll över den i en spritspåse med litet, runt munstycke och spritsa olika mönster på kakorna.

Honungskex med chokladbitar: smält 50 g smör, 2 matskedar honung och knappt ¾ dl farinsocker i en kastrull. Häll över blandningen i en skål och rör ner drygt ¾ dl vetemjöl, ½ tesked vaniljextrakt och 2 äggvitor. Skeda upp matskedar av smeten på 2 ugnsplåtar med bakplåtspapper och strö på 50 g vardera av hackad mörk choklad och hackade pekannötter. Grädda och avsluta enligt ovan.

dubbla chokladkakor

18 stycken
Förberedelser **15 minuter**, plus tid att svalna och kallna
Tillagningstid **10 minuter**

150 g **smör**
1 ⅔ dl **råströsocker**
1 äggula
knappt 4 ¼ dl **extra fint vetemjöl**
25 g **kakao**
100 g **mörk choklad, mjölkchoklad eller vit choklad**, bruten i rutor

Sätt ugnen på 190 °C.

Rör smör och socker ljust och luftigt. Tillsätt äggulan och sikta sedan i mjöl och kakao. Blanda till en fast deg. Knåda den lätt på en mjölad arbetsbänk, svep in den i plastfilm och lägg den kallt i 20 minuter.

Kavla ut en fjärdedel av degen på ett ark bakplåtspapper och tryck ut 9 cirklar med ett 5 cm stort kakmått. Lägg en chokladruta på varje degcirkel. Kavla ut ännu en fjärdedel av degen. Tryck ut 9 cirklar till och lägg dem över chokladrutorna. Tryck samman kanterna så att chokladbitarna förseglas. Lägg över papper och kakor på en ugnsplåt. Fortsätt på samma sätt med resten av degen.

Grädda i varm ugn i 10 minuter. Låt kakorna svalna i 10 minuter och lägg sedan över dem på ett galler.

Ingefärs- & chokladkakor: uteslut kakao och tillsätt i stället 1 matsked mald ingefära och en nypa mald mixed spice i kaksmeten. Grädda enligt receptet ovan. Låt 2 bitar inlagd ingefära rinna av, hacka och blanda dem med 4 matskedar nutella eller hemgjort chokladpålägg (sidan 128). När kakorna svalnat helt, tryck samman dem i par med ingefärschoklad mellan.

florentiner

48 stycken
Förberedelser **30 minuter**, plus tid att svalna och stelna
Tillagningstid **40 minuter**

150 g **smör**
drygt 2 dl **strösocker**
4 msk **vispgrädde**
75 g hackat **blandat citrusskal**
50 g hackade **cocktail-körsbär**
50 g **mandelspån**
40 g **torkade tranbär**
25 g **pinjenötter**
drygt ¾ dl **vetemjöl**
150 g **mörk choklad**
150 g **vit choklad**

Sätt ugnen på 180 °C.

Smält sakta socker och smör i en kastrull tills smöret har smält. Öka värmen och koka upp. Dra genast av kastrullen från plattan och tillsätt grädde, blandat citrusskal, körsbär, mandelspån, tranbär, pinjenötter och mjöl. Rör ordentligt så att allt blir jämnt blandat.

Smörj 2 ugnsplåtar och lägg på bakplåtspapper. Droppa 12 rågade teskedar (en fjärdedel av smeten) på varje plåt och ge kakorna 5 cm att breda ut sig på. Grädda i 7 minuter.

Ta ut plåtarna ur ugnen. Arbeta med ett 7 cm stort kakmått och dra försiktigt kakornas kanter till prydliga cirklar så att de blir ca 5 cm breda. Grädda i ytterligare 3–4 minuter så att de blir guldgula runt kanterna. Ta ut dem ur ugnen och låt dem ligga kvar på plåtarna i 2 minuter. Lägg över kakorna på bakplåtspapper med hjälp av en palettkniv och låt dem svalna. Gör likadant med resten av smeten.

Smält den mörka och den vita chokladen i varsin skål över vattenbad (sidan 10). Skeda upp den smälta chokladen i två spritspåsar och ringla den över kakorna. Låt den stelna.

Kokos- & chockladmacarooner: vispa 1 stor äggvita styv och tillsätt gradvis 2½ dl råströsocker. Sikta över 4 matskedar vetemjöl och vänd ner mjölet i smeten tillsammans med 225 g kokosflingor. Fördela smeten på 2 ugnsplåtar med bakplåtspapper och skär ut 6 cirklar på varje plåt med hjälp av ett 7 cm stort kakmått. Grädda enligt ovan.

tiffin

8 personer
Förberedelser **30 minuter**, plus tid att kallna
Tillagningstid **5 minuter**

50 g **sultanrussin**
75 g hackade **dadlar**
4 msk **rom**
200 g **mörk choklad**
125 g **smör**
drygt 1 dl **sirap**
250 g grovt krossade **digestivekex**
finrivet **skal** av ½ **apelsin**

Täcke
100 g **mörk choklad**
100 g **vit choklad**
50 g hackade **maltesers**

Lägg sultanrussin, dadlar och rom i en skål och låt den stå i 30 minuter.

Smält choklad, smör och sirap tillsammans i en kastrull. Dra bort den från plattan och rör ner kexsmulor, apelsinskal och blötlagd frukt.

Smörj en18 cm fyrkantig kakform och lägg bakplåtspapper i botten. Häll upp smeten i formen och ställ den kallt i 1 timme.

Smält mörk och vit choklad till toppingen i två separata skålar över kastruller med vattenbad (sidan 10). Häll den smälta mörka chokladen över kakbottnen och ringla sedan över den vita chokladen. Dra en cocktailpinne genom chokladen för en marmorerad effekt. Strö på hackade maltesers. Ställ kallt i minst 2 timmar och skär sedan kakan i tårtbitar till serveringen.

Tiffin med mjölkchoklad, russin & katrinplommon: byt sultanrussin och dadlar mot 50 g russin och 75 g hackade katrinplommon. Blötlägg frukten i 4 matskedar sherry eller konjak i 30 minuter. Smält 125 g mjölkchokladrutor med smör och sirap och fortsätt enligt receptet ovan. Till täcket, smält 150 g mjölkchoklad i en skål över en kastrull med sjudande vatten och häll den över kakbotten. Ställ kallt och servera enligt ovan.

glutenfria gaffelkakor

30 stycken
Förberedelser **10 minuter**, plus tid att svalna
Tillagningstid **10 minuter**

75 g **smör**
drygt 1 dl **råströsocker**
drygt 1 dl **farinsocker**
1 vispat **ägg**
1 ⅔ dl **brunt** eller **vitt rismjöl**, plus extra att pudra med
½ tsk **bikarbonat**
1 msk **kakao**
75 g **mörka chokladbitar**

Sätt ugnen på 180 °C.

Kör alla ingredienser utom chokladbitarna i matberedaren, eller vispa dem i en stor skål. Blanda i chokladbitarna och knåda degen till en boll med händerna.

Pudra en arbetsbänk lätt med rismjöl. Fördela degen i 30 bollar och lägg dem på rismjölet. Lägg dem sedan på ugnsplåtar med bakplåtspapper Lämna gott om utrymme mellan kakorna. Tryck försiktigt ut dem med baksidan av en gaffel.

Grädda i 8–10 minuter. Ta ut kakorna ur ugnen, låt dem ligga och hårdna i några minuter och lägg sedan över dem på ett galler för att svalna.

Glutenfria körsbärs- & chokladkakor: använd knappt 1½ dl ljust muscovadosocker i stället för strösocker och kör det i matberedaren med övriga ingredienser. Blanda i 50 g glutenfria chokladbitar och 50 g torkade körsbär och fortsätt enligt ovan.

äkta chokladbrownies

10 stycken
Förberedelser **15 minuter**, plus tid att svalna
Tillagningstid **25 minuter**

75 g **mörk choklad**
75 g **smör**
2 **ägg**
2 ¾ dl **råströsocker**
1 ⅔ dl **vetemjöl**
½ tsk **bakpulver**

Sätt ugnen på 190 °C.

Smält chokladen i en skål över en kastrull med vattenbad (sidan 10).

Vispa ägg och socker till en ljus och pösig smet. Blanda den smälta chokladen i äggsmeten. Sikta i mjöl och bakpulver och vänd försiktigt samman smeten.

Smörj en 20 cm stor fyrkantig kakform och lägg bakplåtspapper i botten. Häll upp smeten i formen och grädda i varm ugn i 25 minuter eller tills kakan är fast på ovansidan och det går att dra ut en torr provsticka ur mitten. Låt den svalna i formen i 5 minuter och skär den sedan i fyrkanter.

Kola-, choklad- & nötbrownies: blanda 125 g hackade valnötter, pekannötter och hasselnötter i mjölet. Smält 200 g seg kola i 4 matskedar vispgrädde. Bred ut hälften av browniesmeten i formen. Häll kolasåsen över och bred sedan ut resten av browniesmeten. Grädda enligt receptet.

kaka med pinjenötskola

12 stycken
Förberedelser **20 minuter**, plus tid att svalna och kallna
Tillagningstid **20–25 minuter**

125 g **smör**
¾ dl **strösocker**, plus lite extra
drygt 2 dl **vetemjöl**
knappt 1 dl **majsmjöl**
1 nypa **salt**
200 g **mörk choklad**

Pinjenötskola
50 g **smör**
knappt ¾ dl **farinsocker**
400 g **söt kondenserad mjölk**
50 g **pinjenötter**

Sätt ugnen på 190 °C.

Vispa smör och socker ljust i en skål. Sikta i mjöl, majsmjöl och salt och arbeta ingredienserna till en mjuk deg. Forma den till en platt skiva, svep in den i plastfolie och kyl i 30 minuter.

Smörj en stor fyrkantig bakform och lägg bakplåtspapper i den. Låt pappret hänga ut över formens sidor. Kavla ut degen på en lätt mjölad arbetsbänk och tryck ner den i formen. Jämna till den så att den blir så platt som möjligt. Grädda i varm ugn i 20–25 minuter, tills kakan är guldgul. Lyft ut den ur ugnen och låt den svalna i formen.

Värm sakta smör, socker och kondenserad mjölk i en kastrull under ständig omrörning tills smöret har smält och sockret är helt upplöst. Öka värmen och koka upp under oavbruten vispning i upp till 5 minuter eller tills smeten tjocknar. Lyft bort den från plattan, rör ner pinjenötterna och häll kolasmeten över kaklagret. Låt kolan stelna. Ställ kakan kallt i 2 timmar så att den blir helt fast.

Smält chokladen i en skål över en kastrull med sjudande vatten (sidan 10). Häll den över kolalagret och bred ut den med en palettkniv. Låt den stelna. När chokladen är stel, ta ut kakan ur formen och skär den i 12 bitar.

Kaka med vit choklad & pinjenötskola: byt majsmjölet mot rismjöl och blanda med övriga ingredienser enligt receptet ovan. Gör glasyren med 200 g vit choklad i stället för mörk choklad och tillsätt en droppe vaniljextrakt.

chokladmacarooner

25 stycken
Förberedelser **10 minuter**
Tillagningstid **15 minuter**

50 g riven **mörk choklad**
2 **äggvitor**
knappt 1 ¼ **strösocker**
125 g **mald mandel**
25 **chokladöverdragna kaffebönor**, till dekoration

Sätt ugnen på 180 °C.

Vispa äggvitorna styva. Vispa gradvis i sockret till en tjock och blank smet. Vänd försiktigt ner mald mandel och riven choklad.

Lägg ut bakplåtspapper på en ugnsplåt. Lägg kaksmeten i en spritspåse med ett stort, runt munstycke och spritsa små rundlar, ca 4 cm i diameter, på plåten. Det går också bra att lägga små teskedar smet på plåten.

Tryck fast en chokladöverdragen kaffeböna på varje macaroon. Grädda i ca 15 minuter så att kakorna höjer sig lite och blir precis fasta. Låt macaroonerna svalna på bakplåtspappret.

Vita choklad- & pistaschmacarooner: byt den mörka chokladen mot 50 g vit choklad. Mal 125 g pistaschnötter i matberedaren och använd dem i stället för mandel. Gör i övrigt enligt receptet ovan.

bakverk med sting

triflédessert med chokladbrownies

10 personer
Förberedelser **30 minuter**, plus tid att kallna
Tillagningstid **10 minuter**

200 g färdigköpta **chokladbrownies** eller **äkta chokladbownies** (sidan 192)
3 msk **chokladlikör**
225 g **mörk choklad**
2 ¼ dl **kokande vatten**
20 tunna **chokladkex**, till dekoration

Äggkräm
3 **äggulor**
¼ dl **råströsocker**
1 tsk **majsmjöl**
2 ¾ dl **vispgrädde**

Täcke
2 ¾ dl **vispgrädde**
1 tsk **vaniljextrakt**
1 msk **lönnsirap**

Bryt sönder chokladkakorna och lägg dem i botten av 10 portionsskålar. Ringla chokladlikör över.

Smält chokladen i en skål ställd över en kastrull med sjudande vatten (sidan 10). Tillsätt det kokande vattnet, 1 matsked åt gången, och rör väl mellan varje sked till en slät sås. Häll den över browniebitarna, täck och ställ kallt i 2 timmar.

Blanda äggulor, socker och majsmjöl till äggkrämen. Låt grädden koka upp och häll den över äggsmeten under konstant vispning. Häll tillbaka äggkrämen i kastrullen och värm försiktigt och under ständig omrörning tills såsen tjocknat och är slät. Häll upp den i en tillbringare och lägg bakplåtspapper över. Ställ den kallt i 1 timme. När chokladlagret i skålarna stelnat, häll äggkrämen över och ställ kallt igen.

Vispa grädden fluffig och vänd ner vaniljextrakt och lönnsirap. Skeda grädden över äggkrämen. Dekorera med tunna chokladkex.

Trifledessert med banankolabrownies: ställ browniebitarna och chokladsåsen kallt enligt ovan. Blanda 2 skivade bananer med 6 matskedar tropisk frukt och skeda blandningen över chokladlagret. Blanda 2½ dl färdigköpt eller hemgjord äggkräm med 250 g mascarpone. Skeda den över bananlagret och ringla på 4 matskedar kolasås.

ugnsgräddad chokladglasstårta

4–6 personer
Förberedelser **10 minuter**, plus frystid
Tillagningstid **5 minuter**

1 liten **sockerkaksbotten**
2 msk **äppeljuice** eller **chokladlikör**
4 msk **körsbärs-, hallon- eller jordgubbssylt**
5 dl **chokladglass** av god kvalitet
3 **äggvitor**
1 ⅓ dl **råströsocker**

Sätt ugnen på 220 °C.

Lägg sockerkaksbottnen i en ugnsfast pajform. Ringla över äppeljuice eller chokladlikör, skeda på sylten och bred ut den jämnt.

Dra en trubbig kniv längs sidorna av glassen så att den lossnar från förpackningen. Stjälp upp den på sockerkaksbottnen. Ställ in formen i frysen på plant underlag.

Vispa äggvitorna i en torr skål tills de är vita och styva. Lyft upp skålen och vänd den sakta från sida till sida. Om äggvitorna är orörliga är de färdiga. Vispa i en matsked socker åt gången tills marängsmeten är slät, blank och fluffig.

Bred marängsmet över glassen med hjälp av en palettkniv. Se till att glassen blir helt täckt och att marängen förseglar sockerkaksbottnens kant. Ställ tillbaka glasstårtan i frysen i minst 1 timme (har du tid kan den stå där i upp till en dag).

Grädda i 5 minuter eller tills marängen börjar få bruna fält. Servera den direkt.

Ugnsgräddad glasstårta med dubbel choklad: ersätt sockerkaksbottnen med att lägga 6 chokladbrownies (sidan 192) i botten av en ugnsfast pajform. Blanda 100 g vita chokladbitar i marängsmeten och fortsätt enligt ovan.

chokladkaka utan mjöl

8 personer
Förberedelser **1–2 minuter**, plus tid att svalna
Tillagningstid **50 minuter**

300 g **mörk choklad**, i bitar
175 g **smör**
2 tsk **vaniljextrakt**
5 **ägg**
6 msk **vispgrädde**, plus extra till serveringen (valfritt)
2 ½ dl **råströsocker**
1 handfull **blåbär**
1 handfull **hallon**

Sätt ugnen på 180 °C.

Smält choklad och smör i en stor skål över en kastrull med sjudande vatten (sidan 10). Rör tills blandningen är slät. Lyft av den från plattan och tillsätt vaniljextrakt.

Vispa ägg, grädde och råströsocker i 3–4 minuter (smeten ska vara ganska rinnig) och vänd ner den i chokladen

Lägg bakplåtspapper över botten och sidorna av en 23 cm stor kakform. Häll smeten i formen och grädda i 45 minuter eller tills ovansidan bildar en skorpa. Låt kakan svalna och dra sedan en kniv runt kanterna så att den lossnar från formen.

Stjälp upp kakan på ett fat och lägg på en blandning av blåbär och hallon. Servera med extra grädde, om så önskas.

Puré på färska jordgubbar: kan serveras till kakan i stället för frukt och grädde. Kör 200 g färska hallon och 2 matskedar råströsocker till en slät blandning i matberedaren. Tryck den genom en metallsil och servera till kakan.

muffins med vit choklad & vanilj

12 stycken
Förberedelser **15 minuter**, plus tid att svalna
Tillagningstid **25 minuter**

drygt 2 dl **vetemjöl**
3 ⅓ dl **extra fint vetemjöl**
½ tsk **bakpulver**
125 g grovt riven eller hackad **vit choklad**
½ tsk **bikarbonat**
2 ¼ dl **råströsocker**
finrivet skal av 1 **citron**
200 g smält **smör**
3 stora **ägg**
1 ¼ dl **crème fraiche**
1 tsk **vaniljextrakt**
1 ¼ dl **sött dessertvin**
florsocker, att pudra med

Sätt ugnen på 180 °C.

Sikta båda mjölsorterna och bakpulvret i en stor skål. Tillsätt vit choklad, bikarbonat, socker och citronskal och blanda alla ingredienserna.

Blanda smör, ägg, grädde och vaniljextrakt i en stor tillbringare. Häll de blöta ingredienserna över de torra och blanda.

Lägg pappersformar i en muffinsplåt med 12 hål. Skeda smeten i formarna och grädda i varm ugn i 25 minuter tills kakorna rest sig, är fasta, blekt guldgula och det går att dra ut en torr provsticka från mitten.

Lossa kakorna med en palettkniv och låt dem svalna på ett galler. Stick en cocktailpinne i varje muffins flera gånger och häll på det söta vinet. Pudra med florsocker och servera.

Extra festligt muffinstäcke: smält 200 g vit choklad med 140 g flytande glykos. Blanda i 1⅔ dl florsocker och forma till en boll. Dela den i 12 bitar, forma bitarna till snurrade blommor och lägg en på varje muffins. Dekorera högst några timmar före serveringen.

frukttårta med vit choklad

35 personer
Förberedelser **1½ timme**, plus tid att svalna
Tillagningstid **2 timmar**

625 g **blandad torkad frukt**
1½ dl **konjak**
500 g **smör**
500 g **muscovadosocker**
8 **ägg**
8 ⅓ dl **extra fint vetemjöl**
50 g **kakao**
1 msk **mald mixed spice** (kryddblandning med kanel, muskot och kryddpeppar)
1 msk **mald ingefära**
200 g **pekannötter**
200 g **mjölkchoklad**
200 g hackad **vit choklad**
6 msk färdig **aprikosglasyr** (eller värmd och silad **aprikossylt**)
1kg **vit marsipan**

Till dekoration
hundrabladsrosor eller **vita rosor**
florsocker

Sätt ugnen på 150 °C.

Värm sakta den torkade frukten i en kastrull med två tredjedelar av konjaken.

Rör smör och socker luftigt. Vispa gradvis i äggen. Sikta i mjöl, kakao, mixed spice och ingefära. Blanda i nötter, mjöl och vit choklad, blötlagd frukt och vätska.

Smörj en 23 cm stor rund kakform och en 15 cm stor rund kakform och lägg i bakplåtspapper. Häll smeten i formarna och grädda, den lilla kakan i 1 timme och 45 minuter och den stora i 2 timmar. Låt dem svalna i formarna.

Värm aprikosglasyren med resten av konjaken. Skär bort den stora kakans ovansida så att den blir jämn. Lägg den på ett fat och pensla med aprikosglasyr.

Kavla ut två tredjedelar av marsipanen till en 33 cm stor cirkel på en arbetsbänk pudrad med florsocker. Lägg den över den stora kakan och skär rent kanten. Placera den lilla kakan ovanpå och pensla den med aprikosglasyr. Kavla ut resten av marsipanen till en 25 cm stor cirkel och lägg den över den lilla kakan.

Knyt breda band runt båda kakorna och dekorera med rosor. Pudra med florsocker.

Kaktäcke med vit choklad: smält 800 g vit choklad med 560 g flytande glykos. Lyft bort skålen från plattan och tillsätt 6⅔ dl siktat florsocker och rör till en boll. Kavla ut två tredjedelar så att den täcker den stora kakan och använd resten till den lilla kakan. Forma rosor av bortklippta rester.

choklad-, frukt- & nötkaka

12 personer
Förberedelser **15 minuter**, plus tid att svalna
Tillagningstid **ca 2 timmar**

3 **lättsmulande chokladkakor**, skurna i 1,5 cm stora bitar
225 g **smör** eller **margarin**
2 ½ dl **råströsocker**
drygt 4 ½ dl **extra fint vetemjöl**
25 g **kakao**
4 **ägg**
150 g grovhackade **hasselnötter**
200 g hackad **mörk choklad**
225 g **russin**
kakao eller **florsocker**, att pudra med

Sätt ugnen på 150 °C.

Rör smör eller margarin och socker. Tillsätt mjöl, kakao och ägg och vispa smeten slät. Spara hälften av chokladbitarna från den lätt smulande chokladen samt 50 g vardera av hasselnötter och mörk choklad. Vänd ner resten i kaksmeten tillsammans med russinen.

Smörj en 20 cm rund eller fyrkantig kakform och lägg i bakplåtspapper. Fördela smeten i formen och strö på sparad choklad och nötter. Grädda i varm ugn i ca 2 timmar eller tills det går att dra ut en torr provsticka ur kakans mitt.

Låt kakan svalna i formen. Servera den lätt pudrad med kakao eller florsocker.

Choklad-, banan- & mandelkaka: gör i ordning kaksmeten enligt ovan men ersätt 1 ¼ dl av mjölet med 75 g mald mandel, och byt 50 g hasselnötter mot 50 g mandelspån. Blanda i 2 mogna och mosade bananer. Häll upp smeten i en smord, 18 × 28 cm form, lägg i bakplåtspapper och strö på den sparade chokladen och 100 g mandelspån i stället för hasselnötter. Grädda enligt receptet ovan och skär kakan i rutor vid serveringen.

chokladpajer med torkad frukt

12 stycken
Förberedelser **45 minuter**, plus tid att svalna och kallna
Tillagningstid **30 minuter**

knappt 6 dl **vetemjöl**, plus extra att pudra med
3 msk **kakao**
6 msk **florsocker**
200 g kallt, tärnat **smör**
1 lätt vispat **ägg**
1–2 msk **iskallt vatten**
750 g **mincemeat** (pajfyllning med spritinlagd, torkad frukt och kryddor)
75 g hackade **pekannötter**
50 g hackad **mörk choklad**
3 msk **aprikosglasyr** eller **tranbärsgelé**
1 msk **florsocker**, att pudra med

Kör mjöl, kakao och florsocker i några sekunder i en matberedare. Tillsätt smöret och kör till en smulig blandning. Häll sedan i ägget och 1 matsked vatten och kör i korta stötar tills degen börjar samlas (tillsätt mer vatten vid behov). Knåda degen slät på en mjölad arbetsbänk. Svep in den i plastfolie och lägg den kallt i 1 timme.

Kavla ut degen på en lätt mjölad arbetsbänk. Använd en 12 cm stor tartelettform som vägledning och tryck ut cirklar. Knåda försiktigt de bortskurna degbitarna, kavla ut degen igen och tryck ut några cirklar till.

Sätt ugnen på 200 °C.

Smörj en muffinsform med 12 fördjupningar eller lägg pappersformar i hålen. Lägg försiktigt degcirklarna i hålen och ställ formen kallt i 15 minuter. Skeda upp den torkade fruktblandningen i formarna och strö på pekannötter och chokladbitar.

Pressa samman degkanterna över fyllningen och tryck samman en skarv. Pensla ovansidorna med aprikosglasyr eller tranbärsgelé och grädda i varm ugn i 30 minuter. Låt kakorna svalna i muffinsplåten. Lyft sedan upp dem, pudra med florsocker och servera.

Täcke med mandelströssel: blanda 50 g vardera av mandelspån, råsocker och krossade digestivekex och strö över den torkade frukten i stället för choklad och pekannötter.

petit chouxer med kolasås

8 stycken
Förberedelser **30 minuter**, plus tid att svalna
Tillagningstid **45 minuter**

50 g **smör**
1 ½ dl **kolsyrat mineralvatten**
1 msk **råströsocker**
drygt 1 dl **vetemjöl**, siktat över ett bakplåtspapper
2 lätt vispade **ägg**

Täcke
200 g **mörk choklad**
75 g **smör**

Fyllning
3 dl **vispgrädde**
1 tsk **vaniljextrakt**
1 tsk **råströsocker**
8 msk **kolasås**

Sätt ugnen på 220 °C.

Smält smöret med mineralvattnet och socker i en tjockbottnad kastrull. Koka upp, stäng av plattan och häll i allt mjölet. Vispa kraftigt med en träsked tills smeten blir till en boll mitt i kastrullen. Lägg över bollen i en skål och låt den svalna i 15 minuter. Vispa i äggen gradvis tills smeten är slät och blank.

Droppa vatten över ett bakplåtspapper. Lägg 8 stora skedar av smeten på papperet med gott om utrymme mellan. Grädda i 30 minuter, tills kakorna höjt sig och är guldbruna. Stäng då av ugnen. Stick en vass kniv i alla kakorna så att ångan slipper ut och låt dem ligga kvar i ugnen i 10–15 minuter för att torka. Lägg över dem till ett galler och låt dem svalna helt.

Till täcket, **smält** choklad och smör i en skål över en kastrull med sjudande vatten (sidan 10). Dela petit chouxerna i halvor med en tandad kniv.

Vispa grädden med vaniljextrakt och socker. Bred ut en sked kolasås över alla bottnar och lägg på en sked vispad grädde samt petit chouxlocket. Skeda den smälta chokladen över ovansidan.

Petit chouxer med banankola: skiva 2 små bananer och vänd skivorna i 2 teskedar pressad citron. Lägg några bananskivor över kolasåsen i mitten av petit chouxerna.

choklad- & apelsinmuffins

9–10 stycken
Förberedelser **10 minuter**
Tillagningstid **15–20 minuter**

3 ¾ dl **vetemjöl**
2 tsk **bakpulver**
finrivet skal av 1 **apelsin**
1 ¼ dl **havregryn**, plus extra att strö över
drygt 1 dl **ljust muscovadosocker**
2 dl **grekisk yoghurt**
4 msk **solros- eller vegetabilisk olja**
1 ½ dl **mjölk**
1 ägg
200 g hackad **mjölkchoklad**

Sätt ugnen på 200 °C.

Sikta mjöl och bakpulver i en skål. Blanda i apelsinskal, havregryn och socker.

Vispa yoghurt, olja, mjölk och ägg och häll över i skålen med torra ingredienser tillsammans med chokladen. Arbeta med en stor metallsked och vänd försiktigt samman ingredienserna så att de blir nätt och jämnt blandade. Tillsätt lite extra mjölk om smeten verkar torr.

Lägg pappersformar i en muffinsplåt med 10 fördjupningar. Fördela smeten mellan formarna och strö på lite extra havregryn. Grädda i 15–20 minuter, tills kakorna rest sig och är precis fasta. Servera dem varma eller kalla.

Muffins med frukostmüsli: ersätt havregrynen med 75 g müsli och blanda ner den i de torra ingredienserna enligt receptet. Blanda med yoghurt, olja, mjölk och ägg och en minskad mängd hackad mjölkchoklad, 75 g. Vänd samman ingredienserna och grädda enligt receptet ovan.

havrekaka med choklad & frukt

12 stycken
Förberedelser **20 minuter**, plus tid att svalna och stelna
Tillagningstid **25–30 minuter**

200 g **smör**
drygt 1 dl **sirap**
drygt 11 dl **havregryn**
drygt 1 dl **ljust muscovadosocker**
125 g **blandad torkad frukt** (t.ex. tranbär, körsbär, blåbär)
200 g **mjölkchoklad**

Sätt ugnen på 190 °C.

Smält smör och sirap i en kastrull på låg värme. Dra bort den från plattan och blanda i havregryn, socker och frukt. Rör samman ingredienserna.

Smörj en fyrkantig form 23 cm och 6 cm djup. Häll upp smeten i formen och tryck ner den med baksidan av en sked. Grädda i 25–30 minuter, tills kakan är gyllenbrun och fast. Låt den svalna.

Smält chokladen i en skål över en kastrull med vattenbad (sidan 10) och häll den över kakan. Låt chokladen svalna och stelna. Skär upp havrekakan i 12 bitar.

Havrekaka med tropisk frukt & vit choklad: byt den torkade frukten mot 125 g hackad torkad mango, papaya och ananas. Grädda enligt receptet ovan. I stället för täcket med mjölkchoklad, smält 200 g vit choklad, häll den över havrekakan och strö på 3 matskedar kokosflingor.

chokladpaj med lönnsirap & nötter

8 personer
Förberedelser **30 minuter**, plus tid att svalna
Tillagningstid **35–40 minuter**

200 g **mörk choklad**
50 g **smör**
¾ dl **strösocker**
1¾ dl **lönnsirap**
3 **ägg**
350 g **smördeg** eller **söt mördeg**, tinad om fryst
125 g **pekannötter**
florsocker, att pudra med

Sätt ugnen på 180 °C och ställ in en plåt så att den blir varm. Smält chokladen i en skål över en kastrull med sjudande vatten (sidan 10) och rör ner smöret.

Värm sakta socker och lönnsirap i en kastrull tills sockret löses upp. Låt blandningen stå och svalna lite. Vispa äggen lätt till en slät konsistens. Vispa i både chokladen och sirapsblandningen.

Smörj en pajform med löstagbar botten, 23 cm i diameter och 3 cm djup. Kavla ut degen på en lätt mjölad arbetsbänk och lägg den i formen. Häll fyllningen i degskalet. Ställ formen på den varma plåten i ugnen och grädda i 15 minuter, tills fyllningen börjar stelna.

Ta ut pajen ur ugnen och strö pekannötter över ytan. Grädda i ytterligare 10 minuter, tills nötterna börjar ta färg. Ta ut pajen ur ugnen och höj temperaturen till 230 °C. Pudra pajen med rikligt med florsocker och ställ tillbaka den in i ugnen i ca 5 minuter, så att nötterna börjar karamelliseras. Låt pajen svalna 20 minuter innan servering.

Chokladpaj med honung & nötter: byt den mörka chokladen mot 100 g vardera av mjölkchoklad och mörk choklad. Byt lönnsirapen mot 1¾ dl flytande honung. Strö 75 g pinjenötter och 50 g pistaschnötter över kakan i stället för pekannötterna och grädda enligt ovan.

julpuddingsparfait

12 personer
Förberedelser **30 minuter**, plus frystid
Tillagningstid **5 minuter**

finrivet **skal** och **juice** av 1 **apelsin**
2 msk **whiskey** eller **sherry**, plus 12 tsk till serveringen
125 g **russin**
125 g hackade **katrinplommon**
1 tsk **mald mixed spice** (kryddblandning med kanel, muskot och kryddpeppar)
1 ¾ dl **mörkt muscovadosocker**, plus 1 msk extra
4 stora och separerade **ägg**
5 ¾ dl vispad **vispgrädde**
125 g riven **mörk choklad smaksatt med apelsin och kryddor**

Värm försiktigt apelsinskal, juice och whiskey eller sherry i en kastrull tillsammans med russin, katrinplommon och mixed spice i 3–5 minuter så att frukten sväller och vätskan absorberas. Purea blandningen i matberedaren.

Vispa 125 g socker och äggulor i en skål i 5 minuter så att smeten blir tjock och krämig. Vänd ner grädden. Blanda med den pureade frukten och chokladen.

Vispa äggvitorna styva i en torr skål. Vispa i den extra matskeden socker. Vänd ner äggvitorna i äggsmeten och blanda försiktigt.

Lägg plastfolie i en stor avlång form. Frys smeten i formen i 6 timmar. Servera parfaiten i skivor på stora tallrikar med 1 tesked whiskey eller sherry ringlad över varje skiva.

Smörkolasås: serveras med parfaiten. Blanda 50 g smör, drygt ½ dl råströsocker, drygt 1 dl ljust muscovadosocker och drygt 1 dl sirap i en kastrull. Värm sakta under omrörning tills smöret smält och blandningen är slät. Fortsätt att sjuda på låg värme i 5 minuter. Lyft av kastrullen från plattan och rör sakta ner 1¼ dl vispgrädde, några droppar vaniljextrakt och saften av ½ citron.

devil's food cake

12 personer
Förberedelser **30 minuter**, plus tid att svalna
Tillagningstid **35 minuter**

3 ¾ dl **vetemjöl**
1 tsk **bikarbonat**
50 g **kakao**
125 g **smör**
drygt 3 ½ dl **ljust muscovado-socker**
3 **ägg**
2 ½ dl **mjölk**
1 msk **citronjuice**

Fyllning
175 g **mörk choklad**
75 g **mjölkchoklad**
3 msk **råströsocker**
3 dl **créme fraiche**

Sätt ugnen på 180 °C.

Sikta mjöl, bikarbonat och kakao. Rör smöret och hälften av sockret mjukt och luftigt. Vispa gradvis i äggen och sedan resten av sockret. Blanda mjölken med citronjuice så att den blir sur och vänd ner mjölet i smeten så att den blir jämnt blandad.

Smörj två runda kakformar, 20 cm i diameter, och lägg bakplåtspapper i bottnarna. Skeda upp lika mycket smet i de båda formarna och jämna till ytan.

Grädda i 30 minuter, tills kakorna höjt sig, känns fjädrande och har börjat krympa från formarnas kanter. Låt dem svalna i formarna i 10 minuter och stjälp sedan upp dem på ett galler för att svalna helt.

Smält mörk choklad och mjölkchoklad tillsammans i en skål över vattenbad (sidan 10), lyft av från plattan och vispa i socker och crème fraiche.

Dela kakorna i under- och överdelar, så att det blir 4 delar. Lägg det ena lagret på ett fat och bred ut en fjärdedel av fyllningen. Lägg på ett andra lager och bred på mer fyllning. Fortsätt med lager och bred på fyllning och avsluta med att breda ut fyllningen över ovansidan.

Mascarponefyllning: i stället för den mäktiga chokladfyllningen, blanda 500 g mascarpone, 50 g ljust muscovadosocker, 1 tesked vaniljextrakt och 1 matsked chokladlikör till en slät blandning och bred ut den över varje kaklager.

chokladsorbet

6 personer
Förberedelser **5 minuter**, plus tid att svalna, röra och frysa
Tillagningstid **15 minuter**

knappt 3 dl **mörkt muscovadosocker**
50 g **kakao**
1 tsk **espresso-snabbkaffepulver**
1 **kanelstång**
6 dl **vatten**
12 **chokladpinnar med kaffesmak**
2 msk **chokladlikör**, till serveringen

Blanda socker, kakao, kaffe, kanelstång och vatten i en stor kastrull. Koka sakta upp under omrörning tills sockret har lösts upp. Koka i 5 minuter och lyft sedan av kastrullen från plattan. Låt blandningen svalna. Ta ur kanelstången.

Häll chokladsmeten i en frystålig behållare, sätt på locket och frys i 2–4 timmar. Kör den slät i matberedaren och häll den sedan i en stor avlång form och frys den i 2 timmar eller tills den är genomfryst. Det går också bra att hälla smeten i en glassmaskin och köra den i 30 minuter så att sorbeten fryser och sedan hälla över den i formen och frysa den i 2 timmar.

Stjälp upp sorbeten på ett fat och dekorera den med chokladpinnar. Vid serveringen, skär den i skivor och ringla 1 tesked chokladlikör runt varje portion.

Mintchokladsorbet: uteslut kaffe och kanelstång och tillsätt i stället 1 tesked pepparmintextrakt i det första steget. Vid serveringen, skopa upp sorbeten i kulor, lägg dem i portionsglas och dekorera varje glas med en färsk myntakvist. Servera med 2 eller 3 chokladpinnar med mintsmak.

tigerkaka

10 personer
Förberedelser **15 minuter**, plus tid att svalna
Tillagningstid **1½ timme**

200 g **mörk choklad**
200 g **smör**
1 tsk **mald mixed spice** (kryddblandning med kanel, muskot och kryddpeppar)
knappt 2 dl **råströsocker**
3 **ägg**
2 tsk **vaniljextrakt**
3 ¾ dl **extra fint vetemjöl**
½ tsk **bakpulver**
100 g hackad **mörk choklad**

Sätt ugnen på 180 °C.

Smält chokladen i en skål ställd över en kastrull med vattenbad (sidan 10) och rör i 25 g smör och mixed spice.

Lägg resten av smöret, socker, ägg och vaniljextrakt i en skål. Sikta i mjöl och bakpulver och vispa smeten ljus och luftig.

Smörj botten och långsidor av en stor avlång bakform. Skeda upp en fjärdedel av smeten i formen. Bred en tredjedel av chokladsmeten över kaksmeten. Fortsätt med fler lager på samma sätt och avsluta med ett lager kaksmet. Strö hackad choklad över ovansidan.

Grädda i 1¼ timme eller tills kakan höjt sig och det går att dra ut en torr provsticka ur mitten. Låt den ligga kvar i formen i 10 minuter och flytta sedan över den till ett galler för att svalna.

Kaka med ringlad apelsinchoklad: uteslut vanilj-extrakt och tillsätt i stället saft och finrivet skal av 2 apelsiner. Grädda enligt receptet ovan. När du tar ut kakan ur ugnen, ringla genast 2 matskedar varm marmelad över ytan till en klibbig glasyr.

chokladbrownies med lönnsirap

12 stycken
Förberedelser **15 minuter**, plus tid att svalna
Tillagningstid **35–40 minuter**

275 g **mörk choklad**
250 g **smör**
3 **ägg**
drygt 2 dl **strösocker**
½ dl **lönnsirap**
1 ⅔ dl **extra fint vetemjöl**
1 nypa **salt**
100 g rostade och hackade **valnötter** (valfritt)
125 g hackad **vit choklad**
florsocker, att pudra med

Sätt ugnen på 190 °C.

Smält mörk choklad och smör i en skål ställd över en kastrull med sjudande vatten (sidan 10).

Vispa ägg, socker och lönnsirap till en ljus och luftig smet. Tillsätt smält choklad, mjöl, salt och eventuellt valnötter.

Smörj en 30 × 20 cm stor bakform och lägg i bakplåtspapper så att papperet hänger ut över formens sidor. Skeda upp smeten i formen och strö vit choklad över ytan.

Grädda i 35–40 minuter så att ovansidan stelnar men kakan fortfarande känns mjuk i mitten. Täck formen med folie om ytan börjar bli för mörk. Låt kakan svalna i formen. Pudra med florsocker och skär den i rutor vid serveringen.

Chokladbrownies med körsbärssmak: använd 275 g mörk choklad med körsbärssmak i stället för vanlig mörk choklad. Tillsätt 50 g torkade körsbär i den smälta chokladsmeten tillsammans med övriga ingredienser och fortsätt sedan enligt receptet ovan.

fettsnåla chokladsufféer

6 stycken
Förberedelser **5 minuter**, plus tid att svalna
Tillagningstid **20 minuter**

50 g **mörk choklad**, bruten i bitar
2 msk **majsmjöl**
1 msk **kakao**
1 tsk **espresso-snabbkaffepulver**
4 msk **råströsocker**
1½ dl **mjölk**
2 separerade **ägg**
1 äggvita
1 msk siktad **kakao**, att pudra med

Sätt ugnen på 190 °C.

Värm choklad, majsmjöl, kakao och kaffepulver med 1 matsked socker och mjölken i en kastrull på låg värme tills chokladen har smält. Fortsätt att värma under omrörning tills chokladsmeten tjocknar. Dra av kastrullen från plattan och låt smeten svalna lite. Rör därefter i äggulorna och täck över kastrullen med en bit bakplåtspapper.

Vispa alla äggvitor fluffiga i en fettfri skål. Vispa gradvis i resten av sockret tills äggvitan är styv. Vänd ner en tredjedel av äggvitorna i chokladsmeten och vänd sedan ner resten av äggvitan.

Smörj 6 värmetåliga ramekinformar som var och en rymmer 1½ dl. Skeda upp sufflésmeten i formarna. Grädda på en varm plåt i 12 minuter eller tills suffléerna svällt upp.

Pudra med kakao och ät direkt.

Suffléer med chokladöverraskning: gör i ordning sufflésmeten enligt receptet ovan men uteslut espressokaffepulvret. Fyll formarna till hälften och lägg 1–2 rutor mjölkchoklad i varje form. Fyll sedan på med resten av sufflésmeten. Grädda enligt ovan.

trippel chokladfondue

8 personer
Förberedelser **15 minuter**
Tillagningstid **10 minuter**

150 g **mörk choklad**
150 g **mjölkchoklad**
150 g **vit choklad**
3 dl **vispgrädde**
¾ dl **mild olivolja**

Att doppa
200 g färska **jordgubbar**
200 g färska **hallon**
amarettikex

Smält mörk choklad, mjölkchoklad och vit choklad i 3 separata skålar ställda över kastruller med sjudande vatten (sidan 10), var och en med en tredjedel av grädden och en tredjedel av olivoljan.

Häll upp varje chokladsmet i en egen liten skål eller minifonduegryta med ett tänt värmeljus under sig.

Servera chokladfonduerna med jordgubbar, hallon och amarettikex att doppa i chokladen.

Chokladfondue för barn: uteslut den mörka chokladen och använd 200 g vardera av mjölkchoklad och vit choklad. Servera fonduen med 200 g marshmallows på cocktailpinnar tillsammans med jordgubbar och hallon.

register

bildrättigheter

Photographs by Thomas Yellowley, Paul Jones and Peter Beacock unless otherwise stated.

Newcastle & Gateshead: Architecture and Heritage is a revised and updated edition of *Newcastle & Gateshead: Architecture and Heritage* (ISBN 978-1-904438-29-8) published by Bluecoat Press in 2006.

Published by
City of Newcastle upon Tyne
Newcastle Libraries
Tyne Bridge Publishing, 2014

www.tynebridgepublishing.co.uk
www.newcastle.gov.uk/libraries

ISBN: 978-1-85795-219-3

Design and artwork by Paul Robertson

Printed by HPM&ADDO, Newton Aycliffe

Front cover: Newcastle and Gateshead Quaysides.

Back cover: A view across the Newcastle rooftops towards Sage Gateshead.

Endpapers: A View of Newcastle upon Tyne in the Reign of Queen Victoria, 1862 by John Storey. (Newcastle Libraries)

Left: No. 35 The Close, Quayside. Photograph Bethany Jane Robertson.

NEWCASTLE & GATESHEAD
ARCHITECTURE AND HERITAGE

Thomas Faulkner, Peter Beacock and Paul Jones

Principal photographer Tom Yellowley

In memory of Thomas Faulkner 1943-2014